叶檀财经三分钟理财课

基金与保险篇

叶檀财经 著

人民东方出版传媒
東方出版社

图书在版编目（CIP）数据

叶檀财经三分钟理财课 . 基金与保险篇 / 叶檀财经 著 . — 北京：东方出版社，2020.4
ISBN 978-7-5207-1459-4

Ⅰ. ①叶…　Ⅱ. ①叶…　Ⅲ. ①私人投资—基本知识②基金—投资—基本知识③保险—基本知识　Ⅳ. ① F830.59

中国版本图书馆 CIP 数据核字（2020）第 020561 号

叶檀财经三分钟理财课：基金与保险篇
（YETANCAIJING SANFENZHONG LICAI KE: JIJIN YU BAOXIAN PIAN）

作　　者：叶檀财经
责任编辑：王　端　叶　银
出　　版：东方出版社
发　　行：人民东方出版传媒有限公司
地　　址：北京市朝阳区西坝河北里 51 号
邮　　编：100028
印　　刷：北京汇瑞嘉合文化发展有限公司
版　　次：2020 年 4 月第 1 版
印　　次：2020 年 4 月第 1 次印刷
开　　本：880 毫米 ×1230 毫米　1/32
印　　张：9
字　　数：156 千字
书　　号：ISBN 978-7-5207-1459-4
定　　价：48.00 元
发行电话：（010）85924663　85924644　85924641

写在前面

在一家问答网站上，有一个问题关注人数过万，浏览量有几十万次：“你什么时候意识到该理财了？”下面的回答五花八门，有的说是在同学聚会上发现只有自己没有车的那一刻，有的说是在因为生活的窘迫不得不放弃一段爱情的那一刻。而得到点赞最高的答案是“在见识到了自由生活的那一刻”。

关于现代社会中理财的必要性，不必多说，这已经成为全社会的共识。不论每个人、每个家庭的收入是多少，生活方式如何，都需要在经济上进行规划，从而增强自己及家庭应对人生中不确定性的能力。然而，在我国，大多数个人和家庭的理财情况并不十分理想。2018 年西南财经大学理财研究报告指出：中国家庭财富配置普遍处于亚健康状态，近四成家庭不及格；体现在城市家庭总资产中，就是住房资产占比畸高，达到 77.7%，是美国的两倍。

现实是许多人都面临这样的困境：想进行理财，却不会理财；想入门学习，却被专业术语难倒；想了解财经动态，却因为长篇大论而感到头疼；想成为金钱的主人，市场却变化万千让人抓不住方向。

这也是本书会出现的原因：为了让更多想要理财的朋友能够轻松入门，每天只花短短三分钟时间，就掌握最实用的理财知识，最终能够学以致用。本书由叶檀财经团队倾力打造，作者团队由多位一线投资顾问、注册理财规划师、高级研究员等组成，具有业内资深实操经验，帮助成千上万个家庭解决过各类投资理财问题。

目前市场上的理财工具非常丰富，本书为“基金与保险篇”，即主要介绍基金与保险两类工具。第一章，我们将首先引导大家“认识自己”，也就是进行自身财务状况和风险偏好的评估，因为只有“认识自己”才能知道你的需求。第二章与第三章，我们将分别为大家讲述进行基金类和保险类理财时所需要的知识以及相关的注意事项。

为了让大家能够更快更好地理解，每一节课的内容都短小精悍，并且结合了丰富的案例。在本书中，叶檀财经将化身为“小叶子”。而书中出现的另一个人物“王大美”，则代表着千千万万的普通投资者。王大美生活中时常有一些理财方面的疑问，小叶子就会为其做出解答。希望这种较为活泼的设计，能使读者在阅读本书时有代入感。

另外，本书在每一节的最后，都留出了做笔记的空间，为了方便读者在读书学习的过程中，将自己学习的心得、思考的过程、对课后问题的解答都记录下来，从而真正掌握每一节的内容。我们不希望这是一本被读者买回家束之高阁、不再翻阅的书，而希望它真正能给大家的生活带来帮助。

一弹指六十刹那，一刹那九百生灭，三分钟虽短，足以让你大彻大悟。

我们的目标是，让天下没有难理的财。

目录 · contents

第一章

认识自己的财务状况和风险偏好

认识自己的财务状况
——你真的清楚你有多少钱吗？

朋友，我们一起从零开始，系统、全面地学理财。

就从最简单的入手，动手盘点财务状况，看看你到底有多少钱?

有朋友说，小叶子，你逗我呢，我有多少钱，心里还没点数吗?!

你真的清楚你有多少钱吗?能回答下面两个问题再说。

问题一：你有几张银行卡?里边分别有多少钱?

问题二：你具体有多少外债，包括房贷、车贷、信用卡、白条等?

我相信，大部分朋友都会被问蒙了。

今天，我们就从资产、负债两端，认识自己的财务状况，算清楚你到底有多少钱。

资产，就是你现在有的、能让你财富增值的东西。比如银行存款、房子、车子。

负债，就是你借来的，将来需要还的钱。比如房贷、蚂蚁花呗、京东白条、找亲朋好友借的钱，都是你的负债。

盘点出来后，用资产减去负债，就是你的净资产。这才能知道，现在这个时间点，你有多少钱。

大部分人对自己有多少钱，都很迷糊。平时没有记账的习惯，花多少、赚多少并不清楚；尤其是现在互联网金融这么火，很多人会把钱放在各种理财平台，久了就忘了。

学习了我们的课程，可不能再迷糊。我们先来盘点资产，看看哪些是属于自己的东西。

我把资产分为流动资产、投资资产、固定资产三类。

流动资产，一般是应对近期开销的钱，比如说银行活期存款、现金，随时都能取用。

投资资产，就是拿去投资的钱，比如买股票、基金、分红型保险。

固定资产，是长期持有、能产生价值的非货币性资产。说白了就是，它现在不是钱，但变卖后就能变成钱，比如你的房子、车子。

这三类资产加起来，就是总资产，也就是你现在拥有的财富。

光看资产，可能会高估自己的财富。比如说，你的房子，市值100万，可还有50万房贷还没还清。那这100万，就不能全算入资产。这时候，就要看负债了。

负债，可以分成消费负债、投资负债、自用负债这三类。

消费负债，是用于消费产生的负债，这一定程度反映了现在年轻人的消费观。比如王大美前段时间刷信用卡，买了台苹果X，这就属于消费负债。

投资负债，是用于投资产生的负债。比如科创板刚开市时，大家都瞄准了科创板的机会，我身边就有朋友，从蚂蚁借呗借钱，凑够50万开户。这笔借呗借款，将来可是要归还本金、支付利息的。

自用负债，是用于购买自用物品产生的负债，比如车贷、房贷。

这三类负债相加，就是总负债。

用总资产减去总负债，就是净资产，这才是你真正的财富，是完全属于你的钱。

知道自己实际有多少钱，才能进一步判断财务状况健不健康。

下面是总结时间

今天跟大家说的是，从资产和负债两端，算清楚自己到底有多少钱。

资产端，包括流动资产、投资资产、固定资产；负债端，包括消费负债、投资负债、自用负债。你学会了吗？

所谓知己知彼，百战不殆，朋友们，快去动手清点自己的资产和负债吧，说不定就突然发现了小金库，摇身变土豪呢。当然，也可能被房贷、车贷吓到……

我的笔记

认识自己的财务状况
——你的财务真的健康吗？

上篇文章中，我们从资产端和负债端，盘点了自己到底有多少钱。有朋友说，原来我只有 10 万；也有朋友说，我居然有 100 万！

大伙想想，有 100 万的人，财务状况就比有 10 万的健康吗？

这可不一定。今天，我就跟大家聊聊，怎么用应急能力、负债率、偿债能力、增值能力这 4 个指标，诊断自己的财务状况是否健康。

第一个，应急能力，是用流动资产除以每月支出，得出结果在 3 ~ 6 倍就可以了。

这就是我们要说的，留出 3 ~ 6 个月的钱，买流动性高的理财产品，保障万一失业、生大病，可以应付一段时间。

还没准备这部分钱的话，需要从其他资产转一部分过来；

或者等下个月发了工资，把这部分钱补足。

第二个，负债率，等于总负债除以总资产，得出结果在20% 到 40% 之间，是合理负债，生活不会有压力；大于 40%，尤其在 60% 以上的时候，表明负债太多，会有财务危机。

我们平时刷信用卡、用花呗，只要不刷爆卡，使用额度在自己偿还能力内，下个月一发工资，立马还上，也没什么压力。

可如果你只有 50 万，非要买个 500 万的房子，负债率达到10 倍！万一将来收入下降，或者失业，房贷就还不上了！

还有一些大学生，为了买奢侈品，在网贷平台借钱，到期，没钱还债，选择了轻生。

从负债率看，大学生还没有收入，只要借贷，一定会超过60% 的红线。

所以，在“买买买”前，尤其是借钱买车、买房时，先算算负债率是多少。超过 60% 的红线时，建议大家控制物欲。

借钱之前，还要先估摸：借了这笔钱，将来能不能还上？为了还这笔钱，是不是要勒紧裤腰带过日子？这就要用到第三个指标，偿债能力。

偿债能力，是用每月还款金额除以每月收入，得出结果小于 30%，是正常水平，不会给生活造成压力。一旦超过这个标准，几乎是赚三块花五块的状态，财务状况会越来越差。

提醒大家，发现偿债能力小于 1/3 时，赶紧停止再借贷！

第四个，是增值能力，就是你所有的钱里，能拿多少去投资。是用全部可投资的资金除以总资产，得出结果大于 30% 比较好，也就是说，在你的资产里，能拿 30% 的钱投资，比如买点基金、债券、股票，用钱生钱。

这 4 个指标，评估的是你现在、将来的生活状况，目前的资产够不够花；将来会不会被债务压垮；能不能用钱生钱，让财务奔跑。有任何一项不达标的，都要赶紧调整，否则，即使现在没有出现财务危机，将来危机也会找上你。

下面是总结时间

今天跟大家说的是，诊断财务健康状况的 4 个指标：

一是应急能力指标，用流动资产除以每月支出，结果应该在 3 ~ 6 倍。

二是负债率，等于总负债除以总资产。结果在 20% ~ 40% 之间，负债是合理的；大于 40%，尤其是 60% 以上，很危险！

三是偿债能力，用每月还款金额除以每月收入，结果小于

30%，是正常水平。

四是增值能力，用全部可投资的资金除以总资产，结果大于 30% 比较好。

你学会了吗?

亲爱的朋友，通过这 4 个指标的测量，你的财务状况健康吗?

我的笔记

认识自己的风险偏好

前文中我们帮大家分析了自己的真实财务状况。今天，让我们延续“认识自己”的旅程——认识自己的风险偏好。

关于投资，有的人主张道路千万条，安全第一条；有人则强调富贵险中求，不怕一夜回到解放前，就怕押注的时候没带钱。你到底属于哪一种？来玩个小测试就知道。

现在有两种方案摆在你面前。方案一，你投资 5000 元，一个月以后，你百分百能拿到 1 万元。方案二，不用等了，抛硬币，正面朝上，你能拿 2 万元；背面朝上，那不好意思，一分钱都没有。

你会选哪种方案呢？是不冒任何风险，但收益少的第一种方案，还是愿意冒着可能什么都没有的风险，去博取更高的收益？又或者说，两种方案都能接受？

从这个选择里，就能看出大家的投资风险偏好。选方案一，是风险厌恶者；方案二，是风险偏爱者；觉得两种方案都可以，是佛系的风险中性者。

今天，我们就先认识自己的风险偏好，看自己适合什么类型的投资产品。

风险偏好，就是大家对待风险的不同态度。

我们一般把风险偏好分为三类：

第一类，风险厌恶者，喜欢确定性的投资方式，不愿意承担损失。

第二类，风险偏爱者，愿意冒风险搏取更高收益，风险承受能力高，就是我们说的胆子大。

第三类，风险中性者，对风险没有明显的偏好，能接受无风险的低收益，也能接受高风险带来的不确定性收益。

不同的年龄层人群，风险偏好不一样，年轻人风险承受能力相对更强些。

如果你 20 ~ 30 岁，还有很长的打拼时间，不缺乏从头再来的勇气，承受风险的能力自然强些。如果是白发苍苍年龄超过 65 岁的老者，做高风险投资，万一亏钱，养老钱都可能亏光，这个年龄段，最好不要往高风险投资上靠。

从家庭收入结构看，家庭经济负担轻，风险承受能力也强。

单人开荒式的未婚朋友，一人吃饱全家不饿，没啥负担，风险承受能力更强，股票、期货玩起来都没什么压力。

但如果你是家里的经济支柱，年纪也不小了，就算你自己能承受市场行情的大起大落，也得降低高风险产品的投资，防止一次暴亏，全家财务“一夜回到解放前”。

对亏损的敏感程度，能最直接地看出一个人的风险偏好。

如果你的组合投资，跌了还不到10%，眼泪就止不住了，那你就倾向于低风险投资。

早几天，有个朋友说，股票亏了30%多，两个月都没睡好觉，打算全部出货，买点货币基金。另一个朋友开怼，才亏30%就受不了，你就不适合炒股，玩你的基金去吧！

这就是两个风险偏好完全不一样的人，每个人对风险的认知、承受能力都不一样，对亏损的承受能力也不一样。

做资产配置和财富管理前，一定要知道自己的风险偏好，才能确定投资什么品种的产品。不同的风险偏好对应的产品，我会下次跟大家交流。

下面是总结时间

今天跟大家分享的是，认识自己的风险偏好。风险态度分为三种，风险厌恶者、风险偏爱者、风险中性者。大家可以根据自己的风险承受能力来确认自己的风险偏好。

下面是提问时间

亲爱的朋友们，如果老王除了银行存款，再没玩过其他投资产品，如果我叫他开个股票账户，加杠杆炒股，你觉得合理吗?

我的笔记

不同风险偏好对应的投资组合

今天跟王大美聊天，我说最近炒期货赚了点钱，大美就吵着要跟我玩期货。回看大美买基金时，亏三五个点，就闹唤不停，只能跟她说：你偏爱低风险，期货是高风险产品，就别凑这个热闹了！

通过前文的小测试，相信大家也清楚了自己的风险偏好。但风险厌恶者、风险偏爱者、风险中性者，这三类人，分别应该买什么产品呢？

今天的主题，就是根据自己的风险偏好，选择对应风险等级的产品，做好资产配置。

风险厌恶的人，不愿意承受亏损，适合低风险或者无风险产品，安全性和流动性都很好，但收益比较低。

比如银行存款、国债和国债逆回购，有国家信用保障，风险非常低；在理财产品简介上，看到风险等级在 R1 和 R2 的银行理财产品，风险也很低；还有经常说到的货币基金，投资到货币市场上，安全性也很高。这些产品，都适合厌恶风险的朋友。

风险中性的人，能承担部分风险，如果有机会赚 10%，也可能亏 10%，他们愿意去尝试，适合中等风险资产。比如公司债、债券基金、股票基金、指数基金。

公司债，利率高，流动性也好，但有信用风险。比如“14 利源债”，就是公司没法在债券到期时兑付利息，债券净值大暴跌。

债券基金，大部分仓位都投资债券，小部分仓位可以投资股票，只要投资的债券不踩雷，还是很稳的。

股票基金、指数基金，都跟股市走势紧密相关。牛市，这两类基金可能赚百分之几十，甚至翻倍；熊市，也很难跑赢大盘，亏得一塌糊涂也正常。但收益一般比自己胡乱买卖股票好。

这些产品，风险中性的人都可以尝试。

风险偏爱的人，冒更大的风险，也要赚大钱，不仅看重高收益，还有投资过程中那种极速心跳的感觉。他们适合玩高风险产品，比如股票、黄金期货。

别看股市水涨船高，短期操作还是惊心动魄，没有抵御风险能力，千万不要 ALL IN 哦。

黄金期货是保证金交易，用杠杆机制，收益和风险都很大，比股市更刺激。

但要记住，知道了风险偏好，并不是只买对应风险等级的产品，应该在配置比例上有所偏重。比如，我是风险偏爱型，只买高风险产品，这是不对的。如果我全买股票、期货，万一这两个市场我都栽了，“一夜回到解放前”，可能饭都吃不起了。

上面提到的一些理财产品，我们接下来也会反复提及，现在大家知道为什么我们要带着大家认识自己的风险偏好和对应投资产品了吧？只有掌握了自己的风险偏好，才能有针对性地学习吸收，并付诸实践。

但要记住，对风险的规避，不是体现在只选择一种风险品类的产品，而是要用组合的方式，混合搭配低、中、高风险的产品，规避风险。

比如，偏爱高风险的，不能全部买股票、期货，要留一部分资金，比如全部资金的 30%，买货币基金、债券基金、存款等中低风险产品，防止栽在高风险产品上，连饭都吃不上了。

当然，也可以用对冲的方式规避风险，比如在买指数基金时，沪深 300 和中证 500 指数基金都买上，规避大小盘股轮动的风险。

尤其是作为家里顶梁柱的朋友们，中低风险产品的占比应该更大，防止高风险资产占比太高，一旦亏损，日常生活可能都无法维持，还可能有家庭矛盾。

下面是总结时间

今天跟大家说的是，不同的风险偏好对应的投资产品。

厌恶风险的人，适合低风险或者无风险的产品，比如银行理财产品、货币基金、国债、国债逆回购；风险中性的人，适合中等风险产品，比如债券，债券型、股票型基金；偏爱风险的人，适合高风险产品，比如股票、黄金期货。

要记住，低、中、高风险的产品要混合搭配，才能真正做到平衡风险。

而且，资产配置组合里的产品，风险等级不应该都在一个水平，要根据自己的风险偏好，提升对应风险等级产品的比例。比如偏爱高风险，高风险产品比例就放高一些，适度配置部分中低风险的产品。

你学会了吗？

下面是提问时间

亲爱的朋友们，你的风险偏好和产品风险等级，能不能对应上？有没有明明是低风险承受能力，却买了一大堆股票的小伙伴？

我的笔记

第二章

基金

基金应该在哪里买？

首先，我们从基金开户开始，分别聊聊股票型基金、债券基金、货币基金、指数基金。告诉你买基金到底有哪些坑，要怎么配置资产，帮助大家在基金投资这条路上，可以稳稳地赚上一笔。

今天给大家理清基金开户的几种方案，总有一款适合你。

第一种方案，在基金公司开户。

基金公司好比一家基金专卖店，好处是成本比较低，直销产品优惠比较多，但只有自己家产品。你要是想买别家的，就得换一家公司。品种局限性比较大。

想开户的朋友，可以在网上直接搜索某某基金，进入它的官网，就能开户了。要是遇到问题，可以问在线客服，很方便。

如果你非常了解这家基金公司，又很信赖公司里的基金经理，我建议你在这家基金公司开户，做长期投资。

第二种方案，在银行或证券公司开户。

在银行或证券公司开户的话，就可以买到这个银行或者证券公司代销的所有基金。银行和证券公司可选择的基金种类更多。

你还有个看得见、摸得着的理财经理帮你答疑解惑。还有一个好处就是可以买到交易型的基金，这些基金只能在证券账户买到。

但也有两个弊端，一是办理时间比较短，银行柜台交易只能在上班时间进行；二是现在银行的申购费是所有渠道中最高的。

第三种方案，在证监会授牌的 App 开户。

App 上的基金种类很多，手机端操作也非常方便，每天挤地铁等公交的碎片化时间足够你查查要闻、挑选基金了。

在手机的应用商城里，搜索某某基金公司或某某财富公司，选择排名靠前的 App 下载安装，跟着 App 提示的就可以完成开户。

佣金、手续费和基金公司直销折扣的力度近乎是相同的。

用 App 交易，资金安全性是我们最关心的。可以很负责任告诉大家，这是很安全的!

法律法规有规定，基金资产的管理和保管必须分开。举个例子，某基金公司管理 10 亿基金，这些钱必须放在银行托管。可能这家公司由于种种原因破产，这也不会碍着那 10 亿基金什么事儿，它们还在银行舒舒服服地躺着。

下面是总结时间

基金开户的三种方案：

①在基金公司开户，好处是成本比较低，直销产品优惠多。缺点是种类少，只有自家产品。

②在银行或证券公司开户，好处是基金种类很多；交易型基金，只能在证券账户买到。缺点是银行的申购费，是所有渠道里最高的。

③在证监会授牌的 App 开户。佣金、手续费和基金公司直销折扣的力度几乎一样，资金安全性也极高。

我的笔记

一招鲜，分分钟选出最佳基金

股票市场起伏不定，怎样通过指数基金来把握低位投资机会，降低亏损的风险呢？指数基金盈亏比较稳健，适合在低位长期潜伏。

指数基金作为基金家族的重要成员，种类繁多，有主动型的、被动型的，还有行业指数、综合指数基金等，各种分类五花八门，乱花渐欲迷人眼，怎样选出最好的那一只指数基金呢？

今天，我们要讲的是一个重要的判断指标——“信息比率”。

信息比率具体要怎么算呢？信息比率等于超额收益除以跟踪误差。超额收益对应的是赛跑中的最快速度，也就是基金的最佳收益；跟踪误差对应的是赛跑中是否按照比赛规则跑，用来判断基金投资标的是否合乎规定。这两个数据一般在基金定期公告里有显示。

信息比率就是基金整体表现的“照妖镜”。目前基金市场上，信息比率大于60的基金，都是值得长期投资的。

用信息比率筛选出优秀的基金，往往能轻松获得理想收益。股神巴菲特的“十年赌约”为我们印证了这个结论，2007 年，巴菲特发布“十年赌约”，以 50 万美元为赌注，在整个华尔街寻找对赌选手，赌期为 2008 年初至 2017 年底，赌约是标普 500 指数基金收益能否超越主动管理型基金。

巴菲特赌标普 500 指数基金赢，一位名为泰德 · 西德斯的基金经理回应挑战，用 5 支“基金中的基金”组成自己的战队，这 5 支“基金中的基金”包括了超过 200 支的对冲基金，他的策略是用最大化的分散型主动管理基金来战胜标普 500 指数基金。

2018 年 2 月 24 日，巴菲特在第 53 封《致股东的信》中，公布了十年赌约的结果：10 年来标普 500 指数基金实现年化收益 8.5%，5 支“基金中的基金”最高 1 支累计年化收益只有 6.5%，最低仅为 0.3%。

10 年的时间，信息比率较高的单一标普 500 指数基金完胜数量庞大的对冲基金组合。

下面是总结时间

总结一下，当面对琳琅满目的各种基金，犹豫不决的时候，其实只需花一分钟做信息比率计算，找到信息比率大于60的基金，就能轻松选出收益最佳的基金，你学会了吗？

我的笔记

弄懂这四种基金，才有资格买基金！

很多人认为，基金不如股票赚钱。我们就用数据来看看，基金到底能不能赚钱。

1998年到2018年这21年里，公募基金总利润2.11万亿元，基民年均收益1005亿元！其中，混合基金总收益1万亿左右，占全部基金总利润的一半以上；货币基金、债券基金，收益合计1.2万亿；本是同根生的股票基金，却亏了近1500亿。

你还说基金不赚钱吗？有的朋友可能会觉得，基金种类也太多了吧！既然股票基金和混合基金都包含股票，为什么它们的收益差这么多呢？

今天，我们就来认识一下基金的4大门派，按风险从高到低排列，分别是股票基金、混合基金、债券基金、货币基金。了解了4种基金，疑问自然解开。

股票基金，就是把80%以上的资金，都拿去买股票。

如果80%以上资金，都拿去买债券，就是债券型基金。

一部分钱买股票，一部分买债券，比例都不超过80%的，就叫混合型基金。

货币基金，就是专门投资到货币市场的基金。

这 4 类基金里，股票基金风险最高，风险承受能力强的人才玩得来。熊市里，股票基金日子很难挨，亏个百分之二三十是家常便饭；但牛市一来，也可能赚翻。

2018 年，大 A 股熊冠全球，股票基金折戟沉沙，年度冠军基金也赔钱了；2019 年画风突变，一季度大盘涨了近 24%，主动型股票基金平均收益率将近 27%，成功超车大盘，还有两只基金涨幅超过 50%！

既然股票基金和混合基金，都包含股票，为什么这 21 年来，股票基金总体亏了那么多钱，混合基金却大赚呢？

一个是刚说到的仓位问题，股票基金最少要拿 80% 的仓位买股票，还不能空仓，就算是熊市，基金经理也得硬着头皮买；而混合基金仓位比较灵活，不看好市场，就空仓，保住部分利润。

另一个原因是大 A 股牛短熊长，股票基金高仓位跑全场，牛市赚入的，下一轮漫长的熊市又亏出去。但我们都知道，有股熊债牛的说法，股市走熊，债市却起飞了，混合型基金有很多偏债产品，长期持有就能拿到正收益。

所以，混合基金的风险比股票基金低。

有位朋友 2015 年花 200 万元买了 4 只混合型基金，最惨的时候，亏损 30% 多，现在还浮亏 30 多万元。这样看来，混合基金真有那么赚钱吗？

其实，不管是混合基金还是股票基金，给基民的投资体验都不是很好，很难赚到钱。股市大涨，抢着买入，股市一跌，就在低点赎回。所以，买这两种基金，很考验择时能力和风险承受能力。

如果你风险承受能力非常低，债券基金和货币基金是你的首选。

其实这几年，老百姓主攻的还是货币基金，机构主攻债券基金，机构投资者持有债券基金的比例，在 90% 以上！

货币基金主要买央票、汇票这些低风险产品，每年回报率不高，一般在 3% 到 4%，但每年都是正收益，加上几乎没有申购、赎回费，在基民心中的好感度噌噌上涨。

前边文章教过大家如何了解自己的风险偏好，以及适合哪些投资产品。厌恶风险，就别玩风险比较高的股票基金或者混合基金，债券基金和货币基金更适合你。

下面是总结时间

基金的 4 大门派，按风险从高到低，依次是股票基金、混合基金、债券基金、货币基金。

①股票基金，就是把 80% 以上的资金，都拿去买股票。

②债券基金，就是把 80% 以上的资金，都拿去买债券。

③混合基金，就是一部分钱买股票，一部分买债券，购买比例都不超过 80%。

④货币基金，就是专门投资到货币市场的基金。

我的笔记

货币基金该如何配置？

前文中给大家介绍过货币基金，但市场上有 400 多只货币基金，要买哪只？

今天就和大家聊聊，如何买到收益率较高的货币基金。

我们先清楚一点，货币基金分场内货币基金和场外货币基金。

场外货币基金，指在银行、基金公司这些场外平台就能申购、赎回的，我们最常见的货币基金，比如余额宝。

场内货币基金，指能在证券市场上买卖，只能用股票账户买卖的货币基金，入手的人相对比较少。

今天我们重点说场外货币基金如何买卖。

计算场外货币基金收益有两个常用指标，一个是七日年化收益率，另一个是每万份收益。但要选出真正的好基金，得看过去几年的真实累计回报。

七日年化收益率是指，如果今后一年的收益率都维持在过去七天内的水平，比如说是 3%，持有满一年后，你的整体收益率就是 3%。我们说余额宝收益率破 3，指的就是七日年化收益率跌破 3%。

但货币基金的收益每天都会变，所以，七日年化收益率不能完全反映货币基金真实收益水平。

而每万份收益，比如你花 1 万元，买了 1 万份货币基金，第二天一看，金额变成了 10001 元，这多出来的 1 元，就是每万份的收益。

每万份收益只能看到一天的真实收益情况，不能判断出长期真实收益水平。

而且，基金公司很可能会利用七日年化收益率和每万份收益来忽悠基民。

比如，某只基金最近几天，每万份收益突然飙升，七日年化收益也跟着上涨，大大超出市场平均水平。这很可能是基金经理故意在集中抛售高息债券，制造高收益，吸引更多资金进场。但这只基金，提前透支了高收益，这时候买，接下来的收益，就会比较糟心了。

敲黑板：

要选到好的货币基金，重点看过去一年、三年，甚至是五年的真实累计回报。长期收益率高的货币基金，才是我们的最佳选择。

大家可以在天天基金网，查询基金的真实回报率。

下面是总结时间

做个小总结，挑选场外货币基金，单看七日年化收益率或者每万份收益，不够全面，重点得看过去一年、三年，甚至是五年的真实累计回报。

我的笔记

只需两步就能选出更高收益的货币基金

余额宝依旧是基民们手里的香饽饽。

余额宝里的货币基金越来越多，这些货币基金的收益就越来越低，余额宝目前的收益率已经不到3%，让人大失所望，难道市场上就没有比余额宝更优秀的货币基金吗？

今天，小叶子就和大家来聊一聊，怎样选到收益高的货币基金。

挑选货币基金分两步。

第一步，看收益。

看收益，就是上篇文章中提到的货币基金的两个收益指标：

首先是每万份收益，这个指标一般用来纵向对比同一只货币基金收益的增减，可以直观了解货币基金的收益。

其次，最近七日年化收益率，这个指标往往用来和其他理财产品的收益率进行横向比较，帮助大家对比不同产品间的收益差别。

在选择货币基金时，要综合看这两个指标：

如果是短期购买和持有某只货币基金，要重点看每万份收益，因为它直接决定每天的利息。

如果想长期持有某只货币基金，那么，最近七日年化收益率更重要，因为这个收益走势能反映出货币基金未来的收益成长区间。

第二步，看费用。

货币基金没有申购和赎回费用，但这并不代表货币基金没有任何费用。

货币基金和其他基金一样是需要花管理费和托管费的，这些费用都是从货基收益中扣除的。

一般来说，货币基金管理费、托管费总和平均是25‰，余额宝里的货币基金费用总和是38‰，可见，余额宝的费用远高于平均水平。

除了管理费和托管费外，货币基金还需要支付销售服务费，根据费用的不同，同一只货币基金可以分成A份额和B份额。

A份额销售服务费是25‱左右，起购门槛比较低，大部分是1分钱就可以起购，适合于小散户们。B份额销售服务费是1‱左右，一般专供给机构，起购门槛比较高，有500万元起购的，也有2亿元起购的……贫穷限制了我的想象力。

同一只货币基金的A份额和B份额销售服务费相差25倍，

毕竟 A 份额相当于是零售，B 份额相当于批发，批发价格更有优势。目前有些货币基金的 B 份额起购门槛降低了，大家在能买 B 份额的时候，尽量买 B 份额，要知道节省费用的同时就是变相地增加收益。

下面是总结时间

总结一下，今天和大家分享的是挑选货币基金的两个步骤，第一步看收益，选收益高的，短期看每万份收益，长期看最近七日年化收益率；第二步看费用，选费用低的，优先选择管理费和托管费低的货币基金。

我的笔记

债券频违约？债券基金应该怎么买？

有人说，自从买股票后，觉都睡不好了，打算买点债券基金，安全又省心。

也有不少人说，债基收益率普遍不高，而且遇到债券违约的情况，很多债券基金都会踩雷，买债基不一定就能高枕无忧。

我倒觉得，股市不景气的时候，投资股票风险比较高，可东方不亮西方亮，基金类投资可以考虑入手。而债券基金属于中低风险，适合想要稳定收益的朋友。

但债券违约的情况确有发生，2018 年 8—9 月，债券违约事件频繁爆出。有些可怜的债券基金正好踩雷，净值像坐滑梯一路向下，投资者的前期收益和本金，都遭殃了。比如，2018 年 9 月末，“14 利源债”没法及时付利息，净值就暴跌 80% 多。

听到这，投资者估计要“炸锅”了：债券市场这么乱，还怎么买债券基金？

别急，其实在主流投资产品的品种里，债券基金的风险评级通常是中低风险。大家最熟悉、最放心的银行理财，很多也是投资债市。所以你买了债基，只要没踩雷，就放宽心睡大觉。

不过，投资者还是会担心，不怕一万就怕万一，怎样才能最大程度确保自己买的债券基金是安全的呢？

这里就送大家三根“避雷针”。

首先，买债券基金跟女人买化妆品一样。拿王大美举例，大美要买瓶爽肤水，要先了解这款爽肤水是清爽型还是滋润型，再看看自己肤质，是油性肤质还是干性肤质，然后对应着买。

买债基也一样，在下单前要区分纯债基金、一级债券基金、二级债券基金三个种类。这三种债基的风险就跟手机信号格似的，逐级提升。最安全的就属纯债基。

纯债基金和一级债券基金都只能投资债券，但一级债券基金还能投资可转债。二级债基还会投资股票，风险就比前者都大一些。

大家要根据自己承受风险的能力，匹配好相应的债券基金。

其次，买化妆品，我们通常会考虑产品的安全性，用了会不会烂脸，大家会选择权威性网站查询。

债券基金也一样，按照规定，债券基金会公布自己持仓比重最大的五只债券，大家可以在中国债券信息网上扒一扒这五只债券。

如果这五大债券评级有低于 AAA 的，那这只债券基金咱们就得绕弯儿走。毕竟只有 20% 左右的债券评不上 AAA，保不准就是一颗雷。

最后，前五大债券持仓的比重，加起来最好不要超过 20%。这样即使某一只重仓债券不幸爆雷，给整个债基造成的损失也能控制在 4% 左右。

同样，也得避免单个机构投资者过于集中地持有太多份额。万一这棵独苗，提前听见什么风吹草动，很容易集中赎回造成净值暴跌，咱们小散可就遭殃了。

如果债券基金的前几大投资人是比较分散的几个机构，而且持有比例比较接近，说明至少多个机构投资者比较认可这只基金，咱们小散户就能省心了。

下面是总结时间

在主流投资产品的品种里，债券基金的风险评级通常是中低风险。在买债券基金时，要注意三点。

一是下单前要区分纯债基金、一级债券基金和二级债券基金三个种类。二是要查看债券基金持仓比重最大的五只债券的评级。三是注意前五大债券持仓的比重加起来不要超过 20%。

你学会了吗？

我的笔记

占据基金界半壁江山的股票基金怎么选？

前文集中讨论的都是低风险的货币基金、债券基金。一些激进的投资者该着急了，靠低风险产品赚的钱，还不够他们塞牙缝。他们更多地想买股票型基金，用高风险博高收益。那么问题来了，市场上的股票基金数目繁多，怎样选出稳定、靠谱的股票基金呢？

今天我们就来聊聊，主动型股票基金的四大挑选方法：看基金经理、看业绩、看规模、看成本，帮助大家选出靠谱的股票基金。

第一，看基金经理。包括其年龄、从业经历。

30 岁是基金经理的年龄底线，最好在 35 岁以上，经历过完整的牛熊转换周期，才有应对市场风险的经验。

基金经理在基金行业的从业经历及管理这只基金的时间越长越好。

如果有两只基金，其他条件都差不多，但 A 基金的基金经理，管理这只基金三四年了，B 基金的基金经理，刚接手不到半年，那就选 A 基金。A 基金长期的投资风格不会变化，业绩也会平稳，让人心里踏实。

股票基金能不能赚钱，要仰仗基金经理。所以，选基金经理很重要。

第二，看业绩。过往业绩又稳又好，未来继续保持好成绩的概率更高。

这与我们看世界杯一样，你会预测哪个国家夺冠？一般会选巴西、德国、阿根廷这些国家。历史战绩很清楚，这些国家是常胜将军，夺冠的可能性更大。

但说起看业绩，也并不简单，要看基金的成立时间，以及过往业绩是否稳定。

第三，看规模。不能太大，也不能太小。投资中小盘股票的基金，规模在 10 亿元至 20 亿元比较好；投资大盘股的基金，30 亿元至 100 亿元比较合适；规模超过 100 亿元的基金，不建议买。

规模太大，基金风格容易转换；规模太小，有流动性风险，甚至是清盘风险。

公募基金有个双十原则，也就是，一只基金持同一个股票，不得超过基金资产的 10%；一个基金公司旗下所有基金，持同一个股票不得超过股票市值的 10%。

规模太大，稍微买点儿小盘股，就会违反双十原则。

规模太小，比如场内基金，如果交易不活跃，成交量少，想买买不进，想卖卖不掉，让人焦头烂额。

规模太小还有个弊端，就是收的管理费可能还不够给基金经理发工资。比如某基金规模是 2000 万元，管理费每年 1.5%，也就是 30 万元，基金经理的人工成本都不够，还不如清盘!

所以呢，巨无霸基金、迷你型基金，最好不要碰。

第四，看成本。其他条件都一样的话，谁的管理费、申购赎回费低，就选谁。

股票基金的管理费，一般为 1% 到 2%，1.5% 比较常见，能低于 1.5% 的就更好了。

股票基金的申购费率一般是 1.5%，但在第三方销售平台，能低到 0.15%；赎回费不会有折扣，一般最高 0.5%。

有些基金，拿的时间越长，费用越低。比如，有些基金持有不到 1 年就赎回，赎回费 0.5%；持有超过 1 年但不到 2 年，赎回费 0.25%；持有超过 2 年，不收赎回费。打算做长期投资的，可以选这种基金。

下面是总结时间

股票基金的 4 大挑选方法。第一，看基金经理，年龄起码在 30 岁以上，基金从业时间以及管理这只基金的时间越长越好；第二，看业绩，过往业绩稳中向好，未来更有可能取得好成绩；第三，看规模，不能太大，也不能太小；第四，看成本，优选管理费、申购赎回费低的。

我的笔记

想投美元日元加元，就用 QDII 基金来替代

2019 年 5 月 13 日，美股大跌，黄金价格瞬间飙升 10 美元！

王大美有点着急，黄金波动这么大，怎样才能买到黄金呢？美股虽然跌了，说不准正是低吸的机会。可没好渠道买到黄金和美股，还挺犯愁的。

想要投资海外市场，可以买 QDII 基金。今天我们就来聊聊 QDII 基金的前世今生，以及指数型 QDII 基金为什么在投资时更值得考虑。

QDII 基金，其实就是在国内成立，投资到境外的一种基金。持有 QDII 基金，相当于间接持有海外的股票等资产。比如，如果我花 10 元买了一只 QDII 基金，这只基金持仓阿里巴巴、京东、百度，你看，我只用 10 元就轻松让这些科技巨头大佬给我打工。听起来是不是很厉害？

大美很奇怪，很多人都盯着美股急红眼，既然 QDII 基金能投资海外市场，怎么没见身边有人买过 QDII 基金呢？

唉，这是一个悲惨的故事。可以说是“一朝被蛇咬，十年

怕井绳”，被 QDII 基金伤害一次后，很多人心理上很抵触它。

2007 年 9—10 月，国内第一批 QDII 基金 4 胞胎出生，分别是南方全球精选、华夏全球精选、嘉实海外中国股票、上投摩根亚太优势，全是当初一线大牌基金公司。

第一个吃螃蟹的人，要么遗臭万年，要么名垂千古，这批 QDII 基金就搞砸了。

大盘正好在 2007 年 10 月 16 日登顶 6124 点。也就是说，发行这 4 只 QDII 基金时，A 股正处于超级大牛市的巅峰时刻。

当时被 A 股大涨的赚钱效应感染，大伙对这几只 QDII 基金拿出望子成龙的殷切期望，一天内全被抢光。尤其是上投摩根亚太优势，本来只打算募集 300 亿元，结果，发行当天认购资金高达 1160 多亿元，是国内第一只申购金额突破 1000 亿元的新基金。

但很遗憾，这 4 只基金精准地踩高位进场，那时美国、欧洲、香港股市也到了牛市巅峰。2008 年金融危机的暴击，使这 4 兄弟折戟沉沙。一直到 2017 年 8 月，都没有一只能爬回 1 元净值。当时艳压群芳、认购最多的上投摩根亚太优势最惨，净值甚至差点跌破 3 毛钱。

大美感慨了一句，还是年轻好，2007 年我还在上小学，不知不觉就避免了一次大雷。可既然 QDII 基金这么菜，你为什么还要我买?

虽然QDII基金第一次出海就挨了市场一顿揍，但我们也不能将它一棒子打死。金融危机后，A股只有2015年一波短命牛市，而曾经的难兄难弟美股，2009年爬出熊市后，一牛到底。

而且，从2010年之后，QDII基金的投资范围，不再只盯着美股，开始涉足黄金、石油、大宗商品，等等。2016年国际油价大反弹，2017年金价也大涨，想抓住这些机会，还得靠QDII基金。

现在市场上有250多只QDII基金，它们的投资范围包括各类海外债券、贵金属、大宗商品、海外房地产等；但大家最感兴趣的，还是投资到单一股市，比如美股、港股、德国股票等。除此之外，恒生指数、纳斯达克100、标普500更是热门标的。

QDII基金也分主动型和被动的指数型，我建议大家选指数型的QDII基金。

很简单，强龙压不过地头蛇，国内的基金经理在国内可能打得一手好牌，但对国外市场规则、上市公司的了解，还是会差些。到海外市场选股票，看走眼的概率很高。还不如直接买海外市场指数，牛长熊短，吃市场大锅饭更靠谱。

下面是总结时间

①QDII 基金，是在国内成立、投资到境外市场的一种基金。持有 QDII 基金，相当于间接持有海外的股票等资产。

② 2010 年之后，QDII 基金的投资范围从美股拓展到黄金、石油、大宗商品等等。

③ QDII 基金也分主动型和被动的指数型，建议选指数型 QDII 基金。

我的笔记

买 QDII 基金的最佳时机，就看这件事！

我们已经讨论了 QDII 基金的前世今生，那么，什么时候买 QDII 基金最好呢？比起国内的指数基金，它的费率情况怎么样？

别急，我们先看看现在 QDII 基金的实力。2019 年第二季度，市场行情震荡大，QDII 基金表现比第一季度差些，但还是甩股票型基金和混合型基金好几条街。到 2019 年 5 月 13 日，QDII 基金第二季度平均净值跌了 0.39%，股票型基金和混合型基金跌得更严重，分别跌了 5.98% 和 3.54%。

今天我们就来聊聊，如何根据汇率变化，抓住买 QDII 基金的时机。预期未来人民币汇率下行时，买 QDII 基金更划算。为了防范全球股市大跌，有必要配上大宗商品类 QDII 基金。

预期未来人民币贬值空间大于升值空间，买 QDII 基金更划算。但是，如果预期人民币升值空间更大，投资 QDII 基金的时机就可以缓缓。

这么做是因为汇率风险。大部分 QDII 基金是用人民币申购，然后兑换成美元或者港币，在海外市场投资。如果人民币持续大幅升值，假设半年前美元兑人民币的汇率是 1：7，用 7 块钱才能换 1 美元；半年后，你要赎回基金，汇率变成 1：6，只用 6 块钱就能换 1 美元。也就是说，当初用 7 块钱才换来 1 美元的投资本金，半年后，只能换来 6 块钱，在汇率上就损失了 14.3%。

所以，如果预期人民币汇率持续下行，买 QDII 基金会更好。

王大美有个小担忧，美国与我们隔了一个太平洋，我们股市开盘了，美国人还在睡大觉呢，这对我们买 QDII 基金会有影响吗？

基金净值的显示会有时间上的滞后性。T 日的净值，T+2 日才显示。也就是说，今天申购的基金，两个交易日后才能确认份额。赎回，也要 2 天才能确认。听到这，大美还能接受。

真正让人着急的是，确认赎回申请后，资金到你账上的时间更长。从发出赎回指令到资金到账，最快也要 4 个工作日，慢的说不定要十几个工作日。所以，最好拿短期内不用的钱来买 QDII 基金。

当然，出海的 QDII 基金，投资成本也比国内普通基金高。主动型 QDII 基金的管理费和申购费，很多高达 1.8%，而普通主动型基金只有 1.5%。被动型指数 QDII 基金，管理费一般在 0.8%

左右。

前面提到，我们建议大家买指数型 QDII 基金，但有个细节需要注意，国内指数基金的跟踪误差一般在 0.5% 以内，QDII 指数基金有汇率的原因，再加上买卖流程长的缘故，误差也会高一些，但一般也不要超过 3%。大家下单前需要谨慎挑选。

另外，QDII 基金还有双边换汇成本，但这个费用不额外收取，在基金净值中已经剔除了。

虽然说 QDII 基金的成本相对高一些，申购、赎回时间也长，但 QDII 基金是咱们普通人做全球资产配置门槛最低、成本最低也最方便的工具。比被那些骗子忽悠去炒国际期货、外汇电子盘要好上千百倍。

那么，哪些 QDII 基金最值得买呢？大家第一反应可能是买跟踪股票指数的 QDII 基金。但别忘了，投资要分散风险，万一遇上像 2008 年金融危机的市场惨境，全球股市崩盘，那就惨了。

所以，还是得配上跟股市无关的大宗商品类基金，比如黄金、石油等指数基金。黄金有避险功能，全球经济动荡，黄金走势都不错。石油的走势，与全球股市关联度都不高，也是分散风险的好工具。

下面是总结时间

①预期未来人民币贬值空间大于升值空间，买 QDII 基金更划算。

② QDII 基金净值显示有滞后性。T 日的净值，T+2 日才显示，今天申购的基金，两个交易日后，才能确认份额。赎回，也要 2 天才能确认。确认赎回申请后，从发出赎回指令到资金到账，最快也要 4 个工作日，慢的要十几个工作日。

③主动型 QDII 基金的管理费和申购费，很多高达 1.8%；被动型指数 QDII 基金，管理费一般在 0.8% 左右。

④ QDII 指数基金跟踪误差会高一些，但一般不要超过 3%。

我的笔记

股票型 QDII 基金看花眼，选这 3 个地方就对了！

2019 年，印度股市创了新高，从 2008 年低点到 2019 年 5 月末，印度股市指数涨幅超过 300%！再看我们的 A 股，心里有点酸。

王大美很机灵，她跟我说，要不买两只投资到印度的 QDII 基金？

我赶紧阻止她，现在可不是好时机。买股票型 QDII 基金，你得看好这个国家的经济发展，还有基金成本。印度市场暂时还是别考虑，美国、德国、中国香港的股票型 QDII 基金，倒还不错。

今天我们就来聊聊，为什么这 3 个地方值得我们投资股票型 QDII 基金。

先说刚才提到的印度市场。2019 年 5 月，印度总理莫迪开启了他的第二个任期，股市就跟着涨起来了。印度的 GDP 增速也很猛，2014 年到 2018 年，平均增速 7.3%，在 2017 年还超越法国，成了世界第六大经济大国。

但我们投资可不能光看外表，印度市场有一大堆问题需要考虑。印度人口多，就业、贫富差距、财政赤字等方面都存在不少问题，非常令人头疼。也许印度还有很大的进步空间，但我们要分享它未来二三十年经济发展的红利，就现在来说，成本挺高的。

投资到印度的两只 QDII 基金，一只是工银印度基金，是 FOF 基金，主要买印度主题 ETF。这只基金的手续费很高，1.6% 的管理费，0.2% 的托管费，再加上投资海外基金本身的费用，综合费率超过 2%，挺不划算的。还有一只是泰达宏利印度基金，费率更高。

由此可见，现在买印度 QDII 基金成本太高，不太划算。

我们再看美股，这就不用多说，美国是世界上的超级大国，很大程度上碾压其他国家。我估计未来 20 年内，能挑战美国的，也就咱们中国了。美国股市牛长熊短，尤其是科技股，还是很值得看好的。

王大美说，看好美国能理解，但为什么德国也能上榜呢？

整个欧洲，经济最好的要数德国，堪称欧盟经济的发动机，德国股市可是欧洲股市的三好学生。

德国还有全球知名的金融巨头，比如德意志银行、安联保险；制造业也很厉害，西门子、巴斯夫、汉高等，这些工业品牌众所周知。

我有个朋友经常去德国，很多人让他帮忙代购，不是买包包、口红这些东西，而是买高压锅！他跟我吐槽过好几次，出差不累，累的是背高压锅。从这件事上，就能感受到德国制造业的强大。

所以，德国的股市我还是长期看好的。

接下来是港股，这是除了 A 股外，我们最熟悉的市场。内地很多企业，都跑到香港上市，比如腾讯控股。这里有个小细节，有些内地企业，同时在 A 股和港股上市，A 股和港股会有折溢价。

内地股民比较浮躁，喜欢炒作；香港股民比较理性。导致同一只股票，港股价格会比 A 股低一点，折价就出来了。所以，很多时候，港股性价比就比 A 股高。

选好想投资的国家或者地区之后，我们最好选指数型 QDII 基金进行投资。挑选方法和国内的指数基金没太大差别，大家可以举一反三。但也不要进死胡同，指数型 QDII 的跟踪误差，在 3% 以内都是正常的。大于 3% 的，跟踪误差就偏大，那么可能指数涨 10% 的时候，这个基金只涨 1%。所以，尽量选跟踪误差在 3% 以内的。

下面是总结时间

①可以考虑买投资到美国、德国、中国香港市场的股票型QDII基金。

②美国是世界上的超级大国，美股牛长熊短，尤其是科技股，值得看好。

③德国是欧盟经济的发动机，制造业强大，德国股市是欧洲股市的三好学生，可以长期看好。

④港股是除A股外，我们最熟悉的市场。内地很多企业，都到香港上市。有些内地企业，同时在A股和港股上市，A股和港股会有折溢价。

我的笔记

只能用股票账户买的国王基金

2019年4月19日，平安创业板ETF基金在深交所正式上市，管理费只有0.15%。要知道，ETF基金管理费一般是0.5%，平安创业板ETF基金的管理费只有一般管理费的1/3。其他基金公司不淡定了，也急着放大招。易方达也要降低两只ETF基金的费率。天弘基金、招商基金也上报了新的ETF，一场ETF大战正在火热进行。

这时候很多人会想，ETF基金经常见到，可ETF基金到底是什么？怎样去买呢？

今天，我们就来看看ETF基金是什么，以及与普通指数基金相比有什么优势。

ETF基金的全名，叫“交易型开放式指数基金”。

交易型，说明它能像股票一样在交易所买卖；开放式，说明它能在基金公司申购和赎回；指数基金，说明它也是跟踪指数的被动型基金。

ETF 基金有两个优势，一是基金规模固定，能让 ETF 基金的资金利用率提高；二是它的费率比普通指数基金低很多。

我们先看第一个优势，ETF 基金可以说是所有股票型基金里资金利用率最高的一种。

一般的基金，要预留一定资金，防止基民或者机构大额赎回，资金使用率普遍不高。而 ETF 基金有特殊的交易方式，能让基金规模固定，基金经理就不用预留资金，真正做到满仓跑全场。

ETF 基金有两种交易方式，一种是在基金公司的账户上申购和赎回；另一种是用股票账户在二级市场上操作，可以像股票交易一样买卖。

而一级市场上的申购和赎回，门槛很高，最少 50 万份起，主要是针对大机构。

和普通开放式基金不同，ETF 基金不是直接拿钱去申购基金份额，而是拿一揽子股票去申购；赎回基金份额后，换来的也不是钱，而是对应的一揽子股票。

也就是说，申购的过程是我有一堆股票，但我现在要基金份额，就去与基金公司对换，把手里股票给基金公司，换来对应的基金份额。而赎回就是把我的基金份额换回股票。

在 ETF 基金开放申购后，不能用单只股票来参与 ETF 基金，只能用一揽子股票来申购；但在 ETF 基金认购过程中，可以拿持有的单只成分股，来换购正在发行的 ETF 基金。

你可能奇怪，为什么要强调这点呢？因为这可是上市公司变相减持的套路。

举个例子，2019 年 3 月，中兴通讯大股东拿 1% 左右的中兴通讯股票换购工银瑞信沪深 300ETF 基金；2019 年 4 月，中国石油的大股东中国石油集团也用 4.3 亿股中国石油股票换购工银瑞信沪深 300ETF 基金。这些其实都是在变相减持。

机构的申购和赎回，是一揽子股票和基金份额之间的转换，没有新的资金进来，自然不会影响基金规模。

而小散户们，基本都是在股票账户上买卖 ETF 基金。

门槛很低，最低买一手，也就是 100 份基金份额，大概只需要 100 元至 300 元，甚至几十元都能买到。

操作方法也很简单，在股票账户输入 ETF 基金代码，点买入和卖出就行了，买卖都是即时成交。有人卖出，你就可以去接盘买入；你若卖出，就有人进来接盘。不会影响基金的总规模。

由此可见，无论是一级市场的申购赎回，还是二级市场的买入卖出，都不会影响 ETF 基金的规模。

基金经理不用预留资金应对申赎或者买卖，即使把仓位提高到 99.5% 都没问题。所以我们会看到，股市行情一好，ETF 指数基金能比普通的指数基金赚得多。

我们再看第二个优势，ETF 基金是所有偏股型基金里费率最低的。

ETF 基金管理费一般 0.5%，托管费 0.1%。重点来了，ETF 基金没有印花税，只需交一小部分佣金，一般是 2.5 ‱；赶上券商优惠活动，还可能拿到 1 ‱。

下面是总结时间

① ETF 基金，是一只跟踪指数的被动型指数基金，既能在一级市场上申购和赎回，也能在二级市场上买卖。

②一级市场上的申购和赎回，最少 50 万份起，主要是针对大机构；小散户基本都在股票账户上买卖 ETF 基金，一手起买，最低几十元就能买一手。

③ ETF 基金是所有偏股型基金里费率最低的。管理费一般 0.5%，托管费 0.1%；不用交印花税，只需交一小部分佣金，一般是 2.5 ‱，甚至能拿到 1 ‱。

我的笔记

ETF 基金套利，就是一二级市场当倒爷！

怎么买 ETF 基金才能赚到钱呢？ETF 基金要套利，最好在折价时买入，溢价时卖出。通过估算净值和集思录上的溢价率，就能知道这只 ETF 基金是折价还是溢价。

前文说了，在一级市场的申购 ETF 基金是机构大佬们玩的，他们用一揽子股票换购基金份额，或者用基金份额换一揽子股票。这样做相当于基金批发，批发来大量的 ETF 份额，再转到二级市场上，分成很多小份，按市场价零售卖给小散户。

ETF 基金在一级市场上的基金净值，就好比基金的批发价；二级市场的交易价格，就好比基金的零售价。如果零售价低于批发价，就是折价，小散户买入的成本就低了，要趁折价时买入；零售价高于批发价，就是溢价，这时候买入，就很吃亏。

问题来了，批发价和零售价，也就是基金净值和交易价格，公布时间并不是同步的。在交易软件上，能实时看到基金的价格；但基金净值，要在当天收盘后才会公布，没法看到实时净值。

通过估算净值，可以给大家判断实时净值做个参考。在天天基金网上，点开某只基金，就能看到这只基金估算净值。

如果交易价格大于估算净值，基金是溢价的，这时候可别冲动进场。因为这个时候，大家都在疯狂买买买，原本交易价格 1 元的基金，可能会被推到 1.1 元。但长期来看，二级市场的交易价格一定是围绕净值上下波动的，不会偏离太远。如果股市没涨起来，这部分的溢价也会消失，到时候就会无端亏掉 10%。所以，溢价的时候买，风险很大。

反过来，如果交易价格小于估算净值，一般就是折价，可以考虑下手买入。

如果觉得看估算净值麻烦，还可以登录集思录，点击“ETF 基金”，就能看到市场上所有的 ETF 基金，标黄的就是溢价率。红色的正值是溢价，绿色的负值是折价。把这一列按升序排列，负值排在前面，可以专挑绿色的 ETF 基金买。

记住，一般来说，溢价率超过 3% 的基金，溢价率相对过高，千万小心；溢价率超过 5%，建议大伙还是散了吧，暂时不要买入；溢价率超过 10%，手上的基金，可以先卖掉，等溢价率跌回来后再重新买入。反过来也一样，折价率超过 3%，可以优先考虑买入；折价率超过 10%，还等什么，直接下手吧！

但也提醒大家一句，小散户玩 ETF 基金，既然是像股票一样买卖，就要有接盘侠。所以，不能选规模太小、成交量不活跃的 ETF 基金，否则将来没人给你接盘。一般来说，规模在 2 亿元以下的 ETF 基金，最好远离；规模在 10 亿元以上，可以考虑。

今天跟大家说的是判断 ETF 基金折溢价的两种方法：一种是看估算净值和基金交易价格的差值；另一种是在集思录上直接看溢价率。最好买折价的 ETF 基金，折价率超过 10%，更值得考虑。

我的笔记

母子关系的 ETF 基金和 ETF 联接基金该如何买？

很多人容易把 ETF 基金和 ETF 联接基金搞混，今天就给大家说一下这两种基金的关系。

ETF 基金只能在股票账户上买卖，大家在天天基金或者支付宝这些第三方销售机构，看到带有 ETF 字眼的，后边还会跟上两个字——“联接”，比如说，嘉实沪深 300 ETF 联接基金。ETF 联接基金是场外基金，不用看折价和溢价，在集思录上是找不到这类基金的。

大美纳闷了，有了 ETF 基金，为什么还要出 ETF 联接基金呢？难不成联接基金的费用更便宜，或者收益更高？

今天小叶子就和大家聊聊，什么是 ETF 联接基金。

敲黑板：

ETF 基金和 ETF 联接基金就像母子，ETF 基金是老妈，对应的联接基金是孩子，有 ETF 基金才有 ETF 联接基金。

ETF 联接基金跟踪的是对应的 ETF 基金，比如说，嘉实沪深 300 ETF 联接基金，跟踪的就是嘉实沪深 300 ETF 基金。你在场外买 ETF 联接基金，就相当于买到了场内的 ETF 基金。

大美一下子就明白了，ETF 基金就像在韩国市场的口红，我直接去韩国买;ETF 联接基金就像个代购，帮我去韩国买到口红。

前文提过，ETF 一级市场的申购和赎回，门槛很高，最少 50 万份起，是给机构大佬们玩的。小散户们大多都在二级市场上买卖 ETF 基金，门槛很低，几十元就能买，但只能用股票账户买卖。买 ETF 基金还得像买股票一样，时刻盯盘。

ETF 联接基金在支付宝这些常用的软件就能买到，非常省事。

但 ETF 联接基金的仓位和 ETF 基金有点不一样。

我们说过，ETF 基金把仓位放到 99.5% 都没问题。但 ETF 联接基金是场外交易，一般拿 95% 的仓位跟踪 ETF 基金，留 5% 的现金仓位应对基民的赎回压力。没有拿出全部的钱去投资，收益一般也会低一点。

大美有点着急了，买 ETF 联接基金，要收管理费和托管费，基金经理再把我们的钱拿去买 ETF 基金，难道又要收一次管理费和托管费，成本不就变高了？收益上也没优势的话，谁还买 ETF 联接基金呢?

可不是这么回事，ETF 联接基金和它对应的 ETF 基金，一般是同一家基金公司管理，费用只收取一次，不会重复收费。

所以，同一只 ETF 基金和 ETF 联接基金的管理费和托管费，一般是一样的。

ETF 基金的佣金费率，和 ETF 联接基金的申购、赎回费，倒有点差别。

前文说过，ETF 基金的佣金一般是 2.5 ‱，赶上券商搞活动，能拿到 1 ‱。

ETF 联接基金的申购费率，一般在 0.1% 至 0.15% 之间，很多基金公司的直销网站，还可能是 0 费率。赎回费的话，一般持有 1 年以上不收取费用。所以，如果你打算持有 1 年以上，ETF 联接基金还是挺合适的。

买 ETF 联接基金比较方便，就像买普通的指数基金一样，直接买入就好。如果买 ETF 基金，还要看盘，比较净值，净值波动忽高忽低，得花大把时间去琢磨。

这么一比较，场外的 ETF 联接基金还是很不错的选择。不过，最好选基金规模在 2 亿以上的基金，跟踪误差可以参考指数基金，在 0.5% 以内就好。

下面是总结时间

今天跟大家说的 ETF 联接基金，和申购普通指数基金一样，在支付宝、天天基金这些第三方机构就能申购；费用成本也比较低，看好 ETF 基金，买对应的 ETF 联接基金更方便。

① ETF 联接基金跟踪的是对应的 ETF 基金，比如说，嘉实沪深 300 ETF 联接基金，跟踪的就是嘉实沪深 300 ETF 基金。

② ETF 联接基金是场外交易，一般拿 95% 的仓位跟踪 ETF 基金；留 5% 的现金仓位应对基民的赎回压力。收益一般会低一点。

③ ETF 联接基金的申购费率，一般在 0.1% 至 0.15% 之间，很多基金公司的直销网站，还可能是 0 费率。一般持有 1 年以上，不收取赎回费。如果打算持有 1 年以上，可以考虑 ETF 联接基金。

我的笔记

有一种产品，越跌越美

2018 年第四季度期间，A 股“跌跌”不休，短短 3 个月，股票型基金平均跌了 14% 以上，定投基金也没能幸免，跟着股市下跌亏了不少，这种情况下还能继续定投吗?

答案是肯定的。投！肯定得投！越跌越投！

不少朋友估计纳闷了，怎么越亏还越投呢，不是越亏越多了吗？王大美那会儿抛了同样的问题给我。今天，咱们就来聊聊这种特殊的投资方式——基金定投。

基金定投，是指在特定的时间将特定的资金投资到指定的基金中。一般来说，基金定投可以通过四种方式申购：银行柜台、证券账户、基金公司和第三方机构。作为一种稳健的投资方式，适合严格遵守投资计划的人。

基金定投有两种收费方式，分别为前端收费和后端收费。

前端收费，通俗点来说，就是先买票后上车，每次买入时，需要支付一定比例的基金申购费。

后端收费，就是先上车后补票，每次买入基金时，不收基金的申购费，在基金卖出或者赎回时收相应的手续费。一般来说，会设一个规定的持有时间，或者两年，或者三年，到期后卖出或赎回，免除手续费。从长远来看，后端收费更适合基金定投。

明白了基金定投的收费方式后，再来聊聊为什么定投基金越跌越投。这和基金定投著名的微笑曲线有关。

微笑曲线，顾名思义，就是基金下跌和回升的过程，看上去就像一张微笑的嘴，在“微笑曲线”下跌时定投买入，上升时赎回，这样在下跌和上涨的过程中，大概率能挣一笔。

现在来算笔账，为了计算简便，先忽略基金的交易手续费。

假设：

王大美花 100 元买入 A 基金，进行月定投，第一个月每份净值 1 元，可以买进 100 份。

第二个月，基金净值跌到 0.8 元每份，王大美同样定投的 100 元，可以买进 125 份基金。

第三个月，基金继续下跌，跌到 0.4 元每份，100 块这个月定投，可以买入 250 份。

三个月下来，王大美用 300 元买到 475 份基金，如果第四个月基金净值涨回到 1 元，我们可以把 475 份基金全部赎回。

定投三个月，净赚175元，收益率大于50%。总体来说，基金定投就是在基金下跌过程中，坚持买入，在这个过程中同样的资金可以买到更多的基金份额，之后只需坐等基金上涨。

长期来看，基金定投能获得不错的收益，不过要注意以下三点：

第一，设好止盈目标，不要轻易止损。一旦达到盈利目标，克服贪心，坚决卖出。另外，基金下跌，基金定投很容易出现账户亏损，别轻易割肉卖出。

第二，定投需要选择合适的基金，比如指数基金就比较合适，指数基金波动率居中，费率便宜，适合中长线布局。

第三，把握定投周期。一般来说，A股牛熊轮动周期是3年左右，定投的周期也需要结合牛熊轮动周期，熊市坚持买入，市场走牛，达到预期的盈利点，坚决卖出。

基金定投的方法，你学会了吗？

我的笔记

只有这几类基金才能定投

之前有位朋友给我说了一下他的财富规划，在支付宝定投沪深 300 指数基金，坚持了半年；定投债券基金、养老基金，坚持了 2 个月。

判断一下，这个定投方案合理吗？什么样的基金更适合定投呢？

做基金定投，是希望通过分时、分批买入，摊低成本，把原本波动剧烈的基金收益曲线变平滑。

所以，波动性越大的基金，越适合定投，例如股票基金、混合型基金，尤其是指数型基金，是我们定投的好选择；而定投债券基金，只适合要做强制储蓄的朋友；至于货币基金，压根不适合定投。

货币基金净值没有波动，分时、分批买入，不能降低成本。反倒是早一天买入，早一天享受收益，所以一次性买入会更好。

债券基金净值波动小，定投能降低的成本有限，效果也不明显。如果你不能接受亏损，想强制储蓄，定投债券基金也是可以的。

股票市场的波动性大，对应的股票基金、混合型基金，波动也会较大，通过定投可以摊低成本，拉开成本价和最后卖出价的差距，赚到更多差价。

股票基金里，定投指数基金的魅力更大，主要有两个优势：

第一，从长期看，指数都是上涨的。

指数背后代表的是这个国家或者某个行业的发展，国家经济发展好，企业行情也会好，指数就会上涨，所以才有“买指数就是赌国运”的说法。只要中国经济长期向好，指数基金就有长期投资的价值，非常适合我们定投。

第二，指数基金的费率很低。

普通的指数基金，基金公司不用加派人手研究股票，只要给指数公司付指数使用费，复制粘贴指数的走势就好。基金经理干的活少，拿的管理费自然也少，一般每年 0.5% 左右。

而股票型基金，要仰仗基金经理持续研究股市，管理费一般每年 1.5% ~ 2%。

同样的 100 万元，买指数基金，管理费只要 5000 元，股票基金却高达 15000 元，是指数基金的 3 倍！

投资就是这样，节省下来的钱，也是赚到的。所以，费率低的指数基金，要比股票型基金更适合定投。

下面是总结时间

波动越大的基金，越适合定投，指数基金是定投的好选择；波动小的基金，例如债券基金、货币基金，更适合一次性买入。

指数基金有两个优势，一是从长期看，指数都是上涨的，只要坚持定投，不用担心赚不到钱；二是指数基金费率更低，申购成本低。

所以，朋友们，别再傻傻地定投货币基金或者债券基金了，选一只好的指数基金，坚持定投吧，三五年后，你一定不会后悔这个决定！

下面是提问时间

亲爱的朋友们，老王买了只跟踪沪深300指数的基金，也就是跟踪大盘股的基金，可接下来，小盘股涨得凶，老王买的指数基金没能赚到钱。请大家帮帮老王，做个基金组合拳，不管市场风格怎样切换，老王都能赚到钱。

我的笔记

用三招识别坏基金

每到一个季度末王大美就忙得不可开交，每天抱着比自己头还高的基金报告，挑灯夜战，几乎拿出了当年冲刺高考的力气……

根据万得数据，每到季度末的一个月，就有近八成基金公司集中披露季报，买基金的朋友可就犯了难，随随便便一份基金季度报，洋洋洒洒几万字，相当于一篇硕士研究生毕业论文的篇幅，其中还夹杂着庞大的数据和生涩难懂的专业术语，怎么看得懂?

别着急，今天小叶子就和大家分享三招，让大家用一分钟时间，轻松地在几万字中发现最重要的信息。

第一招，看基金经理的变更情况。

基金经理是基金的掌舵人，是拿着投资者的钱管理投资资金的人，基金经理决定基金的业绩走向。所以，要在第一时间掌握基金经理的动态，看季报时，首先要看基金经理是不是换人了。

这就像是一个军队，经常换帅，必然导致军心不稳，打胜仗的概率就会很低。

一般来说，如果基金频繁变更基金经理，可以肯定这只基金一定出了大问题，大家要及时撤离。

第二招，看基金业绩走势。

咱们买基金是为了赚钱，判断基金好坏最直观的标准，就是基金业绩。

看基金业绩，需要做两个对比：一是对比基金本季度业绩和上季度业绩，二是对比自己持有的基金和同类基金平均业绩。

如果发现基金新一季度业绩下滑，收益不如同类基金的平均水平，相当于季度考核不及格，大家就该警惕起来了。

这好比家长拿到孩子的成绩单，如果发现孩子这次考试分数比上次低，还低于班级的平均分数，家长就应该警惕，孩子是不是遇到了什么学习困难。

第三招，看基金的持仓。

我们还需要看基金的持仓，咱得知道，基金公司和基金经理拿着投资者的钱都买了些什么，买了哪些股票、买了哪些债券了。

要时常关注基金新买的投资标的，看看这些新买的投资品是否符合未来的长期投资趋势。

这就像家里的鱼缸，本来已经养了一些鱼，现在要买入一批新的鱼。我们要弄清楚，新买来的鱼是否健康，新的鱼进入鱼缸，会不会破坏原来鱼缸的生态系统。只有新来的鱼和原有的鱼能很好地融合，才能保证我们的鱼缸充满活力。

下面是总结时间

今天小叶子分享的是用最短时间理出基金报告中的重点，其实只需要关注基金经理变更、基金业绩走势和基金新增持仓，掌握这三个重要信息，就能轻松掌握基金动态，你学会了吗？

我的笔记

日定投、周定投、月定投，哪个更赚钱？

最近有朋友跟我说，知道基金定投后，竟然爱上了熊市。也有朋友说，定投很容易上手，就像还房贷月供一样，只要按时把钱准备好就行。过几年，还完月供，房子就完全属于自己的了。

朋友们的思路还挺清奇的，如果你有还月供一样的纪律性做基金定投，真不愁赚不到钱。但王大美还是有点蒙，她问我：房贷月供有固定的还款时间，非还不可，但定投基金，多久定投一次比较好？每周还是每月，以及哪一天才是定投的黄道吉日呢？

今天小叶子就跟大家聊聊，定投频率的问题。前文讲到，定投是为了在股市下跌的时候，不断摊低成本，平滑收益曲线。大家可能就会觉得，定投间隔时间越短，越能平滑收益，日定投或周定投肯定会比月定投更好。

事实并非如此。如果只看短期效果，确实是定投间隔时间越短越好，尤其是一些波动性很大的指数基金，定投频次越高，越能平滑收益。但基金定投是长线投资，如果把定投周期拉长，周定投和月定投效果差别并不大，选哪个都行，无须纠结。

短期快进快出的定投，受到市场波动的影响比较大。若正好赶上最低点进场，短期收益会比较高。但很难碰上这种机会，精准踩点入市好比海底捞针一般。

我们就是因为拿捏不准最低点和最高点才做定投，如果只是做短线投资，也没必要定投。

如果把定投周期拉长，比如坚持定投三年、五年，这样的话，无论是月定投、周定投、日定投，收益率都相差无几，选哪个都一样。

大美听完我的分析，半信半疑，纠结了几天的问题，竟然一点意义都没有。我再给大家做了个定投测算，毕竟有数据才有真相。

假设王大美在 2014 年 5 月底，做中证 500 指数的定投，每月定投一次，一次定投 400 元。4 年后，也就是在 2018 年 5 月底结束定投，收益率达 16% 左右。如果她按周定投，每周投 100 元，每个月也是 400 元，4 年后，收益率在 15% 左右。相差只有 1 个百分点，差别不大。

大美还是有些不信，她说，中证 500 指数代表的是小盘股，说不定沪深 300 这种大盘指数就会不一样。

我再用沪深 300 指数演示一遍，在同样的时间点，4 年后，周定投的收益率在 27% 左右，月定投的收益率是 28% 左右。相差还是 1 个百分点。

这下大美服气了，原来把定投周期拉长，按周和按月扣款，对定投的收益率还真没太大的影响。

至于到底是选择周定投还是月定投，大家可以根据自己的用钱习惯来定，我个人做的是月定投。原因很简单，很多职场人就职的公司基本上都是每个月发一次工资，收到工资就拿一部分来做定投，相当于强制储蓄。很多年轻人手上管不住钱，用定投来强制储蓄，这个方法还挺奏效的。

大美的问题又来了，如果按月定投，哪天才是定投扣款的黄道吉日呢？我的建议是在月末扣款。

大家有没有发现，大盘比较喜欢选在月末大跌。从 2007 年至 2017 年，大盘跌幅在 6% 以上的有 21 次，其中有 12 次发生在月末。投资还是概率事件，我们都想在低点进场，既然月末大跌的可能性更大，就选在月末进场。

下面是总结时间

①把定投周期拉长，比如坚持三五年，按日、周、月定投，收益率差别不大，选哪个都行。

②可以根据自己的用钱习惯选定投频次。每月发一次工资，月定投适合需要强制储蓄的人。

③如果按月定投，选月末扣款更好，因为大盘在月末大跌概率更大。

你学会了吗？

我的笔记

基金是个组合拳，构建组合是关键

最近有朋友跟我抱怨，说他被理财经理忽悠买了 3 只基金，现在共亏了 30 多万元！我赶紧查了这 3 只基金，竟然全是中高风险的混合型基金！

你们觉得，这位朋友买基金时，最大的错误是什么?

很显然，他在选基金的时，风险搭配出了问题，虽然三只混合基金各有各的风险，但风险程度却是相同的。因此没有起到分散风险的作用。就好比他确实把鸡蛋放在不同的篮子里，可篮子都在同一辆车上。车翻了，鸡蛋全碎了！

今天，就以沪深 300 指数和中证 500 指数，这个最经典的基金组合为例，和大家聊聊，怎样做基金组合更合理。

基金组合，就是把不同类型的基金组合搭配，好比将装鸡蛋的篮子放在不同的车上，真正分散风险，提高收益。

比如说，在股市上涨的时候，你单买小盘股基金，大盘股涨了，小盘股没动静，你的基金还是不赚钱。如果做一个组合搭配，配置了大中小盘股，只要股市上涨，就能赚到钱。

接下来，就和大家说说，怎么构建基金组合。

构建基金组合的原则是，相关性越低的指数，越能分散风险，越适合组合定投。

就拿市值类的经典组合，沪深300指数和中证500指数来说。

沪深300指数，代表大中盘股。这是第一个跨越沪深两市的指数，选取的300只股票，占了两市60%左右的市值。

中证500指数，代表小盘股。它的筛选，需要4步。

第一步，去掉沪深300指数里的成分股，保证与沪深300指数没有关系。

第二步，在剩下的股票中，去掉市值前300名的股票，这样基本能排除掉所有大中盘股。

第三步，剔除交易最不活跃的20%。

第四步，从剩下的股票里，选市值排名前500的股票，这些就是筛选出的中证500指数成分股了。

通过这4步筛选出来的中证500指数股票，是小盘股的精华，正好跟沪深300指数的大中盘股完美对冲。大盘股上涨，沪深300指数大涨；小盘股给力的时候，中证500指数也会跟着涨。

所以，定投沪深300指数基金和中证500指数基金，不仅可以把股市市值最大、流动性好的公司全买下来，还能对抗股市大小盘股风格切换的风险，比单独定投其中一只基金要好得多。

下面是总结时间

今天和大家分享的是，第一，基金组合的相关性低，能对冲风险，让收益更平稳；第二，沪深 300 指数和中证 500 指数，是基金组合的完美 CP。

大家可以尝试着搭建其他组合。原则就是，组合里的品种，相关性越低越好。

你学会了吗？

下面是提问时间

亲爱的朋友，今天给大家出两道题。

第一题，中证 500 指数和沪深 300 指数，分别代表什么类型的股票呢？

第二题，老王配置的基金组合，有黄金基金、中证 500 指数基金，你觉得合理吗？说说你的理由。

上次让大家帮老王搭建基金组合拳，不管市场风格怎样切换，老王都能赚到钱的方法，都在这篇文章里了。比如说，就用沪深300和中证500的经典组合。

你答对了吗？

我的笔记

怎样选择靠谱的基金经理？

跟着小叶子学了这么多基金知识，大家是不是也开始做基金投资了呢？作为捧场王的王大美，每天晚上坚持学习叶檀三分钟的理财课，跟着大家一起成长。这不，学得越多，思考也就越多。

前段时间，王大美在微信上给我发了一张新闻截图，大概意思是，现在一般的基金经理年薪都在100万元以上，优秀一点的可能在200万元到300万元之间，QDII基金经理的年薪在300万元以上！

接着，王大美又给我发了一句：小叶子你这么懂基金，基金经理的收入也漂亮，为啥不去做个基金经理？

这话我倒有点哭笑不得，不知道其他人是不是也有和王大美有一样的想法，认为只要对基金这块了解到位，就可以胜任基金经理这个职位。

这完全是两码事。前面的文章中，我们多次提到了神秘的基金经理，基金经理到底是何方神圣？是不是人人都能当基金经理呢？买基金的时候怎样选基金经理呢？今天我们就来聊聊有关基金经理的话题。

基金经理就是管理发行的基金，帮投资人进行资产的选择与配置的人。说白了，就是拿着投资人的钱买产品帮投资人挣钱的人。

选择基金经理，就像我们给自己的孩子选择一个好学校一样，不仅要考察学校设施，还要考察师资力量。

作为投资界的“诸葛亮”，基金经理需要有指点“投资界江山”的能力。现在市面上的基金经理，我们要选具备过硬的专业知识的经理，更重要的是要有投资经验。

基金经理这么多，我们到底怎样选适合自己的基金经理呢？我们以天天基金网为例。

登录天天基金网，在搜索栏中，输入“基金经理”。在搜索结果中，有“基金公司”、“基金代码”和“基金经理”等五项一览表。选择“基金经理”这一项，输入基金经理的全名，这个基金经理的履历就能尽收眼底。

判断一个基金经理是否靠谱，主要看三个方面。

第一个，看基金经理的资历，包括学历、年龄、基金从业时间、管理这只基金的时间。

学历上看，现在硕士、博士，基本是基金经理的标配，没有太大的差别。

从年龄上看，我觉得基金经理最起码得有 30 岁，35 岁以上更好。

投资的水很深，没经历过一个完整的牛熊市，心态都绷不住，你也不愿意把钱交给一个 20 多岁的小毛孩打理吧。年龄稍长，被资本市场的大风大浪虐过，才有应对风险的经验。

光有年龄还不够，基金经理在基金行业的从业履历、管理这只基金的时间越长越好。

如果有两只基金，其他方面都差不多，但 A 基金的基金经理，管理这只基金五六年了，而 B 基金的基金经理，去年刚接手上任。建议大家选 A 基金。这样，基金的投资风格能保持不变，业绩也就不会有太大的意外波动。买这样的基金，心里更踏实。

第二个，要了解基金经理过往的业绩。

在天天基金网的相关页面上，想了解的基金经理管理的所有基金，在近几个月，甚至近几年内的收益情况，全都能看见。

但请记住，我们不是追求基金经理某一年的业绩特别好，而是求稳。长期业绩越稳定，基金经理的实力就越强。如果这个基金经理一段时间投得好，到熊市就大亏特亏，说明他经受不住周期考验，你得谨慎了。

大多数基金网站，会列出基金经理的业绩排名，如果总是排名倒数，最好也不要考虑。

第三个，要了解基金经理的投资风格。

有些基金经理喜欢做短线投资，玩高抛低吸；有些喜欢做长线投资，走价值投资路线。做长线，熊市一直拿着，也可能亏钱；做短线，交易太频繁，风险和成本又会高。但相对来说，做长线更稳健。

基金公司不会直接告诉你基金经理的操盘风格，你得自己动手找资料。

基金公司每季度，都会在官网披露基金最新的十大持仓，在天天基金网上也能查到。

如果每个季度前十大持仓都不一样，这个基金经理就是喜欢做短线，最好别选他。

也可以看基金换手率，换手率低于 50%，可以考虑。在 50% ~ 200% 是正常的；超过 200%，甚至超过 500%，换仓太频繁了，就要当心了。

下面是总结时间

今天和大家分享的是股票型基金经理选择“三步曲”：

①看基金经理的资历，年龄最起码30岁，35岁以上更好；在基金行业的从业履历、管理这只基金的时间越长越好。

②不追求基金经理某一年的业绩特别好，而是长期业绩稳定。

③了解基金经理的投资风格，相对来说，做长线更稳健。基金换手率低于50%，可以考虑；在50% ~ 200%是正常的；超过200%，甚至超过500%，换仓太频繁了，要当心。

你学会了吗？

我的笔记

第三章

保险

你应该拥有的第一份保单

生活哪能尽如人意，突发状况会让人猝不及防，每个人都要保险。但买保险有先后顺序，人生中的第一份保单，应该是什么？

王大美最近有点慌，邻居大妈前两个月身体不舒服，去医院检查出急性白血病，一个月光药费就 30 多万元！

这个时候，大妈买的一大堆险种，什么意外伤害保险计划、养老年金保险产品计划，统统不管用，幸好保险顾问提醒，先买重疾险，派上了大用场。

结论：

如果只允许你买一份保险，就买重疾险！重疾险是收入损失险，一次性赔付，患了合同上规定的疾病，一次性给一笔钱，治病、养病，都能用。

今天，我们先认识重疾险的三大类型：消费型、返还型、专项重疾险。建议大家选择消费型重疾险；而年纪大、非标准健康体的朋友，可以考虑专项重疾险。

第一种，消费型重疾险。优点是保费低，保额高；但保障期结束，没有发生理赔，不退保费。

第二种，返还型重疾险。优点是保险到期后没出险，保险公司返还保费。保障期内被保险人自然身故，也会赔保额。但缺点是保费高，保额有限。

第三种，专项重疾险。只保障一种重疾，因为保障少，保费就便宜。它的健康告知相对宽松，对三高人群，糖尿病、心脏病患者比较友好。

返还型重疾险，一个字：贵！价格一般是消费型的 1 至 3 倍。保额也比较低。但适合一些对未来特别缺乏安全感的人群，同样的保费，如果返还型保险有 20 万元的保额，消费型保险一般能给到 30 万 ~ 50 万元，甚至更高。

案例：

林小帅今年 31 岁，想买重疾险，有两份保险摆在他面前。

一份是保到 80 岁的消费型重疾险，保额 50 万元，分 20 年交，每年交 7720 元，总保费 15 万多。到 80 岁，没发生过理赔，保险到期后，合同终止，不退还保费。

另一份是保到 80 岁的返还型重疾险，保额 50 万元，分 20 年交，每年交 13000 元，总保费 26 万元！到 80 岁，返还保费。

林小帅觉得，如果保障期发生了理赔，同样的保额，返还型交的保费贵了近一倍，明显要吃大亏。

如果林小帅买了这款消费型重疾险，同时，把跟返还型重疾险的差价，做银行一年期定存，按 2% 的利率算，一直存到 80 岁，最后本息是 28 万元，还比返还的 26 万保费多。加上平时他还搞一点投资，同样的保障下，选择消费型省下的保费，自己拿去理财，收益都比返还的保费高。

下面是总结时间

今天给大家说的是，人生的第一张保单，应该是重疾险。建议大家选消费型重疾险，性价比更高。年龄偏大、非标准健康体的朋友，可以考虑专项重疾险。

下面是提问时间

朋友们，您的第一份保险，买对了吗？布置一道课后作业：既然返还型保险到期后会返还保费，什么情况下，可以考虑买返还型重疾险？

我的笔记

意外险不可缺，这是一生的安全垫！

现在的职场“90后”已经是主力军。他们很有趣，喝最烈的酒，熬最深的夜，吃最好的枸杞，敷最贵的面膜。一边伤身，一边养生。

光靠自身调养还不够，“90后”还是保险消费的主力军。他们平均持有4张保单：健康险、寿险、年金险、意外险。

懂得买保险是好事，可保险不能随便买。正确的投保顺序，应该是重疾险—意外险—医疗险—寿险。但意外险比较便宜，杠杆也高，把它排在第一位也没问题。

今天就和大家聊聊意外险，以及让大家了解清楚意外伤害险和意外医疗险的区别。

说到意外险，大美还心有余悸。她说，有一次北京大风，刮倒了一棵大树，正好砸中一个外卖小哥，不幸去世了。作为家里的经济支柱，他的去世不管是感情上还是经济上，对家人都是很大的伤害。如果他有份意外险，至少能保障家人未来的生活。

有句话大家应该都听过：明天和意外，我们永远不知道哪个先来。开车、坐火车、坐飞机，烫伤、烧伤、被从天而降的东西砸中……地球太危险了，得赶紧买份意外险傍身。

但意外险的“意外”，到底是什么呢？

敲黑板：

在保险合同条款里，意外是指外来的、突发的、非本意的、非疾病的，使身体受到伤害的客观事实。

总之，就是不能故意“碰瓷”，比如自杀，肯定不赔。中暑、高原反应等，看起来是个意外，说到底也是个人身体原因造成的，也不赔。

只有发生了意外事件，意外险才会赔钱。有朋友可能要说，这看起来很刻薄呀。

你得知道，意外险的杠杆非常高，花几百块钱，就能获得上百万的身故保障。航空意外险更厉害，几十块钱就能保上千万，这可是其他保险都比不了的。

而且，意外险的投保门槛很低，只要身体健康，能正常工作或者生活，不管是刚出生的小宝宝，还是 80 岁的老人，都可以买。可以说，意外险是家庭保障的基础，大家都应该买一份。

但大美有话说了，早几天，隔壁老王在小区遛弯，不小心踩到香蕉皮，摔伤腿住院了。老王买过一份意外险，保单上写着附加意外伤害险，保额2万元。没想到，出院后申请理赔，保险公司说，这种意外伤害，不在保险公司理赔范围里，不赔！

大美也很纳闷，老王就是意外摔伤的，怎么又不赔了呢？

这不能赖保险公司，意外险有“意外伤害险”和“意外医疗险”之分，老王买到的是意外伤害险。

意外伤害险，保的是意外身故和意外伤残的大意外。投保人因为意外，身体受到了伤害，一般是烧伤、残疾、死亡，这些情况下，保险公司一次性赔付保险金，和治疗花了多少钱没有关系。

意外医疗险，主要报销小意外产生的门诊、急诊医疗费、住院费等。大家注意，我刚说的是“报销”，意外医疗险是在保额范围内，花多少报多少，不是一次性赔偿保额。

如果老王买的是意外医疗险，那这次摔伤保险公司就得赔。大家买意外险的时候，也得看清楚。

下面是总结时间

①意外险的杠杆很高，花几百块钱，就能获得上百万的身

故保障。

②意外险投保门槛很低，只要身体健康、能正常工作或者生活，不管是刚出生的小宝宝，还是 80 岁的老人，都可以买。

③意外伤害险，保的是意外身故和意外伤残的大意外。投保人因为意外，身体受到伤害，一般是烧伤、残疾、死亡，保险公司一次性赔付保险金。

④意外医疗险，主要报销小意外产生的门诊、急诊医疗费、住院费。

意外险，建议大家都买上。但要看清楚，意外伤害险主要赔付造成伤残或者身故的大意外，意外医疗险主要赔付小意外。市面上也有一些综合意外险，大小意外都能赔，也可以考虑。

你学会了吗?

我的笔记

30 岁的人上有老下有小，买寿险才抗冻！

王大美最近右眼皮跳得厉害，总担心自己活不久了。万一自己不幸去世，家里上有老下有小，可怎么过活？大美可以买什么保险，来转移这种焦虑呢？

很简单，寿险。

我们前面讲了，重疾险是收入损失险；而寿险，是家庭责任险，以被保险人的寿命为对象，不管是因为疾病、意外去世，还是寿终正寝，只要他去世，保险公司就给他的家人赔偿。大部分寿险，还包含高残，甚至烧伤。

所以，寿险跟重疾险不一样，承保的是被保险人的生命，而拿到保险赔偿的，是自己的家人，让他们往后余生，衣食无忧。说得煽情点就是，即使我不在了，也要化成天使守护你。

买保险前先搞清楚，谁最应该买这类保险？今天我们就聊聊，哪些人群最应该买寿险。

敲黑板：

重疾险人人都该买；寿险，却不是人人都需要，但有两类人必须买。一是家庭经济支柱，尤其是职场新人和子女还未成年的单亲家庭；二是有家庭债务的家庭，比如房贷、车贷等。

我们先说第一类。家庭经济支柱，上有老下有小，如果不幸去世，父母的养老费、孩子的教育费，谁来承担？这就需要寿险来转移身故风险。

往细里说，职场新人，25 岁到 30 岁的年纪，收入还不高，但爸妈基本五六十岁，收入下降，甚至已经退休在家。万一自己出意外不在了，不能侍奉双亲，有份寿险，好歹能让他们有钱养老。

子女还没成年的单亲家庭，寿险更不能少。自己一个人拉扯大孩子，已经够艰辛了，万一出现意外，孩子成了孤儿，可能会因为没钱，基本生活都没保障，更别说教育了。这时候寿险高额的保障，能保障孩子顺利成长，接受好的教育。

第二类，有家庭债务的人群。比如现在很多人喜欢贷款买房，寿险保额至少要覆盖房贷，最好能比房贷高，因为还要考虑到家人未来的生活费用。如果房贷是 50 万元，寿险保额最起码，也要 50 万元。

保障万一意外身故，家人能拿保险赔偿还房贷，不至于让他们失去亲人的同时，连住的地方也没有了。

而老人、家庭主妇，尤其是小孩，对家庭没有经济责任，更多是在花钱，而不是挣钱，寿险就不是必需品。因为他们没有或者很少有收入，即使不幸身故，家庭经济也不会受到太大的影响。

说得简单点，家里谁最能挣钱，就给谁买寿险；其他人买不买都行，先满足其他保障再说。

下面是总结时间

今天给大家分享的是最该买寿险的两类人，一类是经济支柱，尤其是职场新人、有未成年子女的单亲家庭；另一类是有家庭负债的人群。

通过寿险，把过早去世、家人没有收入来源的风险，转移给保险公司，用寿险保额，让最爱的家人能好好地生活。

最后想说一句，寿险在国内火不起来，是因为大家很忌讳“死亡”两个字，总感觉不吉利，一听到寿险，就感觉销售员在诅咒自己。但是千万别因为迷信，让家人失去最大的保障啊。

我的笔记

还没退休、收入一般，定期寿险最划算！

大美：我昨晚下班，在一个红绿灯口，看到好多交警，过去一看，出大车祸了，那辆奥迪算是报废了。问了旁边的阿姨，原来是酒驾，车主也没系安全带，大老远一路冲过来，撞到树上，人估计悬了。也不晓得他买意外险没有，老婆孩子可怎么办啊。

小叶子：就算买了意外险，酒驾也不赔啊。如果有份寿险，倒是可以赔。

生命很宝贵，千万别酒驾，开车一定要系安全带。因为酒驾出意外，意外险是不会赔的。意外险的赌注是意外，而寿险的赌注是生命，身故或者高残就能获得赔偿。下面咱就聊聊，我们应该怎么买寿险。

前文中说过，家庭经济支柱、有家庭债务的人，最好买上寿险。但寿险有定期寿险、终身寿险，我们买哪个呢？家里有矿的土豪朋友，买终身寿险；家庭条件一般的朋友，就买定期寿险。

敲黑板：

定期寿险，就是在保险合同约定的期限内，比如 10 年、20 年，或者是保到 70 岁、80 岁，如果被保险人死亡或者全残，保险公司赔偿保额。如果到了约定的时间，被保险人还健在，合同终止，保险公司不会赔钱，也不退保费。

终身寿险，就是保终身，在任何年龄身故或者全残，保险公司都会赔付。

乍一听，人这辈子啊，过得穷愁潦倒也好，家财万贯也好，最后都免不了要驾鹤西去，肯定是终身寿险好。不是这么回事，我们来看看哪些人适合买定期，哪些适合买终身。

家庭收入比较低的朋友，比如家庭经济支柱、事业刚起步的年轻人、子女还没成年的单亲家庭、债务多的家庭，买定期寿险更划算。

终身寿险很贵，保费一般是定期寿险的 5 倍以上，对于普通家庭来说负担太重。

我们拿两款保险做对比，同样是 30 万元保额，甲终身寿险，分 20 年交费，每年交 8000 多元，总保费近 17 万元；乙定期寿险，保到 80 岁，分 10 年交费，每年交 4000 多元，总保费 4 万元出头。

你看，在买了重疾险、意外险、百万医疗险后，如果每年还要再支出 8000 多元的终身寿险，每年保费都 2 万多元，一般人还真吃不消。普通家庭买定期寿险，能用比较低的保费，拿到最大的保障。

而终身寿险比较适合能负担保费，也有遗产规划需求的土豪朋友。

寿险可以指定受益人。事先和保险公司约定好受益人，被保险人身故后，保险公司就把钱赔给谁。这是受到法律保护的，还能免遗产税。

有小伙伴可能会担心，花那么多钱买了终身寿险，万一中间急用钱，怎么办？放心好了，终身寿险有现金价值，可以拿保单抵押借款，或者退保拿回部分资金。建议土豪朋友们，可以配一份终身寿险。

大美：再怎么算，重疾险一年要好几千元，不管是 4000 多元的定期寿险，还是 8000 多元的终身寿险，总保费都好多啊，我就是狠不下心。

小叶子：我看你上次晒你老爸给你买的车，还买了串好几千块钱的佛珠保平安，这你都舍得，每年花几千块买份寿险，就当保平安了，这还更实在呢。

大美：有道理。我这就去买份定期寿险。

下面是总结时间

①定期寿险，就是在保险合同约定的期限内，如果被保险人死亡或者全残，保险公司赔偿保额。家庭收入比较低的朋友，买定期寿险更划算。

②终身寿险保终身，在任何年龄身故或者全残，保险公司都会赔付。保费一般是定期寿险的 5 倍以上，比较适合能负担保费，也有遗产规划需求的土豪朋友。

你学会了吗？

我的笔记

人生三个阶段，保险组合要这样搭配！

我们都知道，意外险、重疾险、寿险是三款最基础的保险。但咱们的读者朋友，有二十出头的小伙子，也有三四十岁的社会精英，还有退休在家养花的叔叔阿姨，不同的年龄段、不同的收入水平，保险组合应该是怎样的呢？

今天就来聊聊不同人群的保险组合，大家看看自己的情况，对号入座，配齐保障。

我把人的一生，大致分成三个阶段：单身贵族、结婚生子、退休养老。接下来我们就分阶段来看看。

第一阶段是单身贵族阶段，先意外险，后重疾险，寿险可以先不买。

这个阶段的小伙子小姑娘，一般就二十来岁。他们有一个特点，就是没多少积蓄。现在年轻人都爱“浪”，宅在家一天不出门，都能在网上花几千元，当一个快乐的月光族。

他们能留给保险的预算也少，可以先买意外险。意外险很便宜，一两百元也能做到上百万元的保额。而且，年轻人意外发生率比较高，比如加班熬夜猝死、上下班路上发生交通意外等，所以，意外险不能少。

其次是重疾险。预算比较少的朋友，可以先买保费相对低一点的定期重疾险，以后经济宽裕了，再补充终身型的。

手头比较宽裕，建议直接买终身型重疾险，保费虽然比定期高一点，但如果能负担得起，趁年轻，保费总比四十多岁再补充终身型的划算。

而寿险，是家庭责任保险，在还没成家、预算也不够的时候，可以先放一边。

到第二阶段，已经结婚生子，在配齐意外险、重疾险之后，寿险是这个阶段必备的保险产品。

夫妻双方中任何一方不幸身故，尤其是经济支柱，整个家庭经济可能会直接崩溃。有了自己的小家庭，就得买上寿险了。寿险比较贵，哪怕手头紧张，也一定要做足保额，可以先买短期寿险，等以后手头宽松了，再补充更长期限的寿险。

这三款保险产品都配完后，还有闲钱，可以给孩子买一份教育金，等孩子念大学的时候，直接取出来，供孩子念完大学。

打算将来送孩子出国读书，可以买以美元计价的海外理财型保险，相当于做了一笔海外投资，可以防止未来人民币贬值，导致孩子海外上学成本上升。

王大美现在就是美满的三口之家，她和先生事业都刚刚起步，各自的年收入都是12万元上下，小孩子晨晨，还不满1周岁。

大美和她先生就得把意外险、重疾险、寿险都买上。首先要买意外险，保费少、杠杆高。意外险的保额，可以是年收入的5～10倍，他俩各自的意外险，保额就可以做到60万～120万元。

另外，还要买重疾险，他俩收入都比较稳定，经济压力也不大，可以直接买终身型重疾险，保额做到年收入的3～5倍就可以了。

寿险咱就不用多说了，上一节，刚说过寿险的配置，大家可以重看一下。

第三是退休阶段，买意外险和防癌险。

年纪大了，身体状况也开始走下坡路，能选择的保险范围非常小。

这个时候，子女已经出来工作，压在我们身上的担子减轻了很多，没必要再买寿险了。应该买上意外险和防癌险。

这是普通家庭的做法，如果到了退休年纪，你已经积累了一大笔财富，可以买上分红型保险或者年金保险，做好财富传承规划。

下面是总结时间

在不同的人生阶段，保险组合的配置也应该有所不同：

第一阶段，是单身贵族阶段，先意外险，后重疾险，寿险可以先不买。

第二阶段，已经结婚生子，配齐意外险、重疾险之后，寿险是这个阶段必备的保险产品。还有闲钱，可以给孩子买一份教育金。

第三阶段，是退休阶段，买意外险和防癌险。如果已经积累了一大笔财富，可以买上分红型保险或者年金保险。

你学会了吗？

我的笔记

一家三口、四口最该给谁给买保险？

世界总是不太平。每天一睁眼，打开手机，经常看到，这家小宝宝得白血病、某处出车祸的新闻，有点揪心。

我们今天就聊聊，家庭成员买保险的正确顺序，看看买保险这件事上，谁是“对的人”。

敲黑板：

家庭成员投保顺序是，经济支柱优先，其次是小孩，最后是老人。

从风险角度，主要经济支柱一定要优先有保障，小孩和老人，没有收入来源，保障往后排。

我的朋友林小帅，上有双亲，下有一个 5 岁的孩子。我们看看他是怎么计划保险的。

林小帅和他的妻子，是家里的经济支柱。要完全覆盖风险缺口，他自己和妻子，最起码要买上意外险、重疾险、定期寿险这三种保险。

意外险，一般意外、交通意外导致的身故、伤残、住院费，都能赔；年保费一般两三百块，保额能做到两三百万元，小保费撬动大保额。

重疾险，是收入损失险，一次性赔付。如果得重疾，保险赔 50 万元，实际只花了 30 万元，剩下的 20 万元，想怎么花就怎么花，确保养病期间，不拖家庭经济后腿。

再配上定期寿险，万一不幸身故，还能给家人留笔财产，即使人走了，也能保障他们往后衣食无忧。

如果预算充足，可以搭配医疗险。只要在保额范围内，住院花多少，就赔多少。

小帅和妻子的这三种保险配齐后，开始给小孩买保险，重点是意外险和重疾险。

小孩子抵抗力弱，患重疾的概率比成年人大。买份重疾险，保证有钱治病。

意外险更不用说，小孩子没安全意识，最好买上一年期意外险，或者综合意外险。

最后，小帅还要给他的爸妈买防癌险和意外险。

60 岁左右的老人，很难再买到重疾险，市面上有不少针对老年人的防癌险。

根据 2017 年国家癌症中心的报告，如果活到 85 岁，得癌症的概率，达到 36%！

我们没法替他们承受病痛，但至少可以保证当病痛来临时，有钱给他们最及时、最好的治疗。

另外，意外险不能少。老人眼神不好，腿脚不方便，容易摔伤，买份意外险，做好全面保障。

家族中的经济支柱，要配上意外险、重疾险、定期寿险。确保万一不幸得重疾或者身故，能得到保险赔偿，以保障家人的正常生活，甚至房贷，都有钱应对。

小孩的保险，限制少，险种多，重点是意外险和重疾险。手头宽裕的话，再考虑锦上添花的教育金。

老人有投保年龄限制，能选择的产品少、保费高。比如重疾险，一年保费可能上万元，最后交的保费，比保额还高。可以给老人买意外险、医疗险和防癌险。

这个投保顺序，可能跟大家想的不一样。孩子是爹妈的掌上明珠，很多人自己舍不得买保险，却给孩子买一堆，就怕有点意外，孩子没钱医治。还有人很孝顺，担心老人生病多，先给老人买保险。

但大伙想想，老人、孩子的保费占比太高，家里最能赚钱的人，却没有足够保障，那他万一倒下，治病要钱，家里收入来源也中断，家人未来靠什么过活？

所以，就算预算有限，家庭经济支柱的保险，一定不能少。

下面是总结时间

今天给大家说的，是家庭成员投保的正确顺序，经济支柱、小孩、老人，依次投保。经济支柱主要考虑意外险、重疾险、定期寿险；小孩主要是意外险和重疾险，土豪可以买上教育金；老人主要买防癌险和意外险。

家里经济支柱还没上保险的，赶紧了！

下面是提问时间

亲爱的朋友们，知道了家庭成员投保顺序，你知道买保险的先后顺序吗？老王是家里的经济支柱，预算有限，请大家帮帮老王，给医疗险、重疾险、教育金或养老金、意外险、寿险，做个先后顺序排列。

我的笔记

给老人和小孩怎么买保险？

今天和大家聊聊，怎么给老人、小孩买保险。

我们先看老人怎么买保险。

第一，老人的意外险，55岁起就可以考虑，60岁到65岁一定要有。

老人手脚不灵活、眼神不好，上下楼梯、遛狗，都可能发生意外。所以，老人的意外险，重点在报销上，0免赔额、能报销进口药的最好。

第二，百万医疗险，投保年龄宽松，有些能放宽到65岁，保额几百万元。但百万医疗险核保很严，所以，身体健康还允许的，尽量买上。

第三，防癌险，健康告知很宽松，即使是有高血压、高血脂、高血糖的老人，也可以投保。适合因为健康问题，被医疗险、重疾险拒绝的老人。

总结起来，老人的意外险、防癌险保障不能少，身体状况还允许买百万医疗险的，最好也配上。

接下来，看看怎么给小孩买保险。

敲黑板：

给小孩买商业保险前，先确保已经买上少儿医保，再按意外险—重疾险—医疗险—理财保险的顺序配置。

第一个是少儿医保，可以报销门诊医疗费，投保条件很宽松，保费也便宜。

第二个，买了少儿医保后，第一个考虑儿童意外险。没有免赔额，100% 报销的最好。

第三个是重疾险。年龄小、就医记录少，这时买重疾险，保费便宜、保额高，最划算。

记住，“保得高”比“保得久”重要，17 岁以下，建议买定期重疾险。

买定期重疾险，做足保额，期间真不幸得大病，确保有足够的钱治疗。可以等定期重疾险快到期了，再买终身型重疾险。

第四个是医疗险。

比如百万医疗险，几百块保费，保额几百万元。但百万医疗险一般有 1 万元免赔额，小病小痛都报销不了。只能作为重疾险的补充。

最后一个是理财保险。如果前面的保险你都买了，再考虑买理财保险吧。

下面是总结时间

少儿医保是被大家忽略的好福利，今天的课程后，希望大家能给家里的小孩买上；其他的商业保险，意外险、重疾险、医疗险都是基础保障，越早买越好。

不管老人还是小孩，意外险都必不可少。而老人买重疾险，难度大，可以退而求其次，买防癌险；医疗险能买上的话，最好也配上，作为补充。

小孩的重疾险，建议选定期重疾险；医疗险可以作为重疾险的补充，实时报销医疗费用，减轻家庭负担。

下面是提问时间

亲爱的朋友们，您给家里的老人、小孩买保险了吗？您在哪一类保险的支出最大呢？

我的笔记

给熊孩子买保险，这三个大坑得避开

前段时间出门，刚好赶上学生放假，看着熊孩子们一个个在高铁上活蹦乱跳、大叫大闹，让人心惊胆战，不由担心他们的安全问题。

熊孩子对咱们来说不陌生，一般熊孩子背后都有熊父母。

孩子们再熊，也熊不过各种意外。肯德基的熊孩子被踹翻，还有的熊孩子被过肩摔。一件件、一桩桩，让父母们不得不认真考虑自家熊孩子的安全问题。

又是一年开学季，一大拨熊孩子即将到达学校战场。

最近有数据统计，咱们国家每天有将近 200 个儿童因为意外死亡，而且这个数字以每年 7% ~ 10% 的速度增长！所以，各位宝爸宝妈是时候给自家孩子买份意外伤害险啦！

可能有些朋友会抢答，我知道！我知道！前不久不是才说过意外险吗？ NO！ NO！ NO！我今天说的这个险可是专门针对儿童的，少儿意外险！

这个少儿意外险，保费便宜，保障较高。

各位家长在选择购买时，不要一味去购买地板价的产品，在各个保险网站或者论坛中，有许多测评的报告，大家记得仔细地阅读对比。

在这儿我给大家提个醒，各位朋友给自家宝贝儿买保险时，要注意三个大坑。

第一，身故保额有限制。

之前，成年人身故保额规定为 10 万元，可咱们国家发达起来了，10 万元的数额自然满足不了现在家长们的保障需求。

目前国家规定是这样的，0 ~ 9 岁，身故赔付不能超过 20 万元；10 ~ 17 岁，身故赔付不能超过 50 万元。

所以 0 ~ 9 岁儿童，就算花了大价格，买了 500 万元的意外险，如果不幸身故，也只能赔付 20 万元。

第二，有些理赔项目是不能报销的。

办理意外医疗理赔时，大多数保险公司的报销都是有选择性的。比如床位费、进口药品等是否报销，各家公司规定都不同。

家长买意外险之前要弄清哪些费用可以报，哪些费用不能报，是全额报还是按照一定比例报。

第三，最好挑选有豁免条款的少儿保险产品。

有些少儿保险的豁免条款规定，在合同期内，如果家长发生意外或者丧失缴费能力，可以豁免未缴的保费，就算家长交不起保费，自家宝贝儿的保险保障依然有效。

每家公司的豁免条款不同，一些公司规定，只有身故或者全残可以豁免；有的规定，只有投保人身故才能豁免。所以各位朋友们要想注意仔细阅读条款，谨慎选择。

下面是总结时间

总结一下，各位朋友，在买少儿意外险的时候，要擦亮眼睛，避免踩到三大坑。今天的小窍门，您都学会了吗？

亲爱的朋友们，您有没有尝试给自家的孩子买一份保险呢？现在市场上的少儿意外险多如牛毛，您是怎么挑选的呢？您在购买时、理赔时，有没有遇到什么问题呢？

我的笔记

防癌险，孝敬爸妈的好保险！

前几天，王大美请假回家，大晚上给我打了电话。我接起电话，大美就一副哭腔。

大美：喂，小叶子，这次回家，看到我爸妈老了很多，我爸还有高血压，我想多请假几天，好好陪陪爸妈。

小叶子：孝顺是好事，陪伴很重要，但父母上了年纪，不要忘了给他们买份保险。

大美：我倒是想买，可 50 岁以上老人的重疾险好坑，保费算下来，都和保额差不多了，有的保费比保额还高！而且，一般高血压、高血糖、高血脂，直接拒保，我爸就买不上了。

小叶子：五六十岁的老人买重疾险，保费、保额、健康告知等确实都很吃亏，但咱们可以退而求其次，买份防癌险。

今天我们就来聊聊防癌险。记住，定期普通防癌险，和老人更配。

重疾险就像四通八达的枢纽，各种常见的重疾大病都管；防癌险就是个单行道，只管癌症，一旦得了癌症，保险公司就给报销治疗费。

它有两个好处，一是健康告知宽松，一般的三高、糖尿病、心脏病患者都可以投保。二是价格便宜，不少防癌险，50岁以上的老人，一年保费只要三四百块钱，就可以拿到200万元保额。

大美老爸有高血压，很难买上重疾险，防癌险就对他敞开了怀抱。一年几百块钱，大美也不会觉得贵。

大美：我知道肯定有坑，不然不可能这么便宜。难道，防癌险和百万医疗险一样，都是一年一保，有可能不能续保？

小叶子：还真有一年一保的防癌险，不过，不是所有的防癌险都这样。

这里敲黑板，防癌险有两种：一种是癌症治疗费用报销型的防癌医疗险，是低配版医疗险；另一种是一次性给付型普通防癌险，是低配版重疾险。

只要确诊为癌症，它俩都能赔，主要区别是赔付方法。

防癌医疗险，报销患癌症住院后的医疗费。我们对“报销”这个词都很熟了，就是花多少赔多少。也只能买1年期的，保费会逐年上涨，不一定能顺利续保。

普通防癌险，就是一次性给付，只要确诊，就能一次性拿到固定的理赔额，有1年期和定期。

定期普通防癌险按投保时的年龄算保费，之后保费都是固定的，一般 65 岁之前都能买，可以保障到 80 岁。

给老爸老妈买防癌险，我比较建议买定期普通防癌险，一步到位。如果大病真的来了，我们没法替他们承受病痛，但至少有治疗的底气。

下面是总结时间

防癌险只管癌症，只要得了癌症，保险公司就给报销治疗费。它的健康告知宽松，一般三高、糖尿病、心脏病都可以投保。价格也便宜，几百块钱可以拿到百万保额。

防癌险有两种。一种是癌症治疗费用报销型的防癌医疗险，只能买 1 年期的，保费会逐年上涨，不一定能顺利续保；另一种是一次性给付型普通防癌险，有 1 年期和定期。建议买定期普通防癌险。

你学会了吗？

我的笔记

用三分钟避开百万医疗险的大坑！

王大美今天跑来跟我吐槽，说再也不在网上买保险了，因为她最近在朋友圈看到，有人买了某宝上的好医保，去医院看病，花了10094块，结果，好医保只赔了94块钱，实在是太坑了。

这可不是好医保的锅。好医保其实就是一款百万医疗险，有1万元免赔额，清清楚楚写在保险合同上。

大美听完，吓了一跳，难怪百万医疗险这么便宜，原来有赔付门槛。除了免赔额，百万医疗险还有什么坑呢？

今天，我们就来聊聊，百万医疗险免赔额和就医范围的两个大坑。

我们吐槽百万医疗险最多的，是动辄一两万的免赔额。平常我们就医，费用经常达不到这个标准，拿不到赔偿。

敲黑板：

免赔额是保险公司免赔的额度，扣掉社保报销后，超过免赔额的部分，百万医疗险才会报销。

如果大美买的百万医疗险，免赔额是 1 万元；她看病花了 5 万元钱，社保报销 3 万元，自己花了 2 万元；那么在大美自己花的 2 万元里面，扣掉 1 万元的免赔额后，剩下的 1 万元，百万医疗险才给报销。

1 元到 2 万的免赔额，对我们来说很不划算。全国三级公立医院人均住院费用在 13000 元左右，扣掉社保、免赔额，能拿到百万医疗险报销的部分很少。

但是，大家也不要因为免赔额，就坚决不买百万医疗险。你想想，如果百万医疗险没有免赔额，谁有个伤风感冒、头疼发烧，都拿百万医疗险去报销，保险公司不是亏大发了？所以，它主要是提供大病的保障，小病小痛一般用不到它。

不过，有些百万医疗险很给力，比如 6 年共享 1 万元免赔额。

大美提到的好医保就是这样，重大疾病 0 免赔额，其他病种 6 年共享 1 万元免赔额。也就是 6 年医疗费加起来，只要超过 1 万元，就可以报销。

大家买百万医疗险的时候，可以重点看看免赔额能不能累计，能累计当然最好啦。

第二个大坑是就医范围。

跟医疗有关的保险，都会限定就医范围。就医范围一般有三种。

第一种是二级及二级以上公立医院普通部，这种的要求最严格。给大家划重点，“二级及二级以上”“公立”，少一个条件都不行。

第二种是二级及以上医保定点医院普通部。条件稍微放松了一点，没有公立医院的限制，但必须是医保定点医院。

第三种是二级及以上医院普通部。基本没太大要求，看医院评级就好。

细心的朋友应该听出来了，百万医疗险只报销医院普通部产生的费用，特需病房、VIP 病房，一般都不报销。

有个姑娘给她的丈夫买了份好医保，2019 年 3 月，丈夫心律失常要送去医院。她赶紧上网，查到好医保的承保公司是中国 × 保，武汉 × × 医院是中国 × 保的指定医院，就选择到这治疗。

结果，理赔要求竟然被拒了。因为 × × 医院是私立医院，虽然是中国 × 保的指定医院，但每款保险指定的医院都不一样。好医保限定的就医范围是二级或二级以上公立医院，病人去的是私立医院，当然不给报销了。

大家觉得复杂的话，可以在买保险之前，就跟被保险代理人确定好，自己所在的城市，有哪些医院在理赔范围内。免得到时候手忙脚乱，选错医院，一分赔偿都拿不到。

下面是总结时间

今天和大家说的是，百万医疗险的两个坑：一个是免赔额，医药费扣除医保报销后，超过免赔额的部分，才给报销；另一个是就医范围，大家最好提前确认好具体有哪些医院在报销范围内。

你学会了吗？

我的笔记

车主可能遇见的高风险事件，这样做可以不亏

前文中，我们几次说到意外险，我们自己因为有了意外险，有了保障了，那我们的爱车呢？它们如果遇见意外，比如特别恶劣的天气之类的情况，有什么可以给予它们相应的保障吗？

当然有，车险公司怎么会忽略掉这么大一块馅饼呢？在他们的精心计算下，一系列保障车辆的主险附加险条款应运而生，来有偿保护您的爱车。

恶劣天气很可能对汽车构成极大的损害：在暴雨天气中涉水，有可能导致汽车发动机严重损害，甚至折损车价三分之一；冰雹则会将挡风玻璃打破。今天我们就来谈谈，如何通过购买保险，减少在汽车方面的损失。

敲黑板：

恶劣天气有很多，比较常见的就是冰雹和暴雨。

冰雹会使爱车表面受损，在这种情况下，就必须购买车损险来进行保障。

我们来举个例子。王大美开车去上班，车停在路边，结果

上班期间下起了冰雹，等她下去查看时为时已晚，她的爱车已经不幸经历了一次失败的“整容”，车身和玻璃都千疮百孔。王大美担心道，车被砸成这样，有机会获得赔偿吗？毕竟肇事者可是大自然呀。

答案是，有机会赔偿，虽然看起来像天灾，但实际上冰雹造成的损失一般来说都是包含在车损险的保障范围之内的，所以只要买了车损险，爱车的“医疗费”就有着落了。

不过这期间有一样一定要注意，那就是出险后，请记住在48小时内联系保险公司，而且不要移动爱车，报案即可。

接下来，咱们来说说更加常见的暴雨。如果您所在的城市经常会上演“水漫金山”，那您可要听仔细了。暴雨引发的发动机涉水，如果发动机损坏后想要赔偿，那必须购买发动机涉水险。

这回还是王大美，天降大雨，前边一个大水坑拦住了她的去路，急着回家的她还是一下开了进去。这下可好，直接在水中熄火了，发动机坏掉了。心疼一下大美。

那么这种情况，保险公司会不会买账呢？答案取决于她是否买了发动机涉水险这种附加险种。这个附加险种是单独对发动机进行保障的。

如果没买，对不起，巨额的发动机修理费用只能由她自己掏腰包了。如果买了，那就不一样了，有了它，大美就可以获得 80% 的赔付。当然，如果她还一并购买了涉水险附带的不计免赔险，那她就有机会获得全部赔偿了。

重要提示：和遇见冰雹时一样，如果涉水了，就不要再移动车了，拍照报案，切记不要超过 48 小时。

不过，发动机涉水也是会有保险公司拒赔的情况的，那就是明知道涉水还要启动。千万不要抱侥幸心理觉得查勘人员查不出来哦。要知道，正常情况下，熄火状态下的发动机是不会进水的。

经过这节课的讨论，希望大家酌情购买一些附加保障险种，多付小几百元的保费，可能会在将来给自己省下一大笔钱。

恶劣天气下遇到意外时，不要惊慌，立刻拍照报案，48 小时内联系保险公司，只要在责任范围内的，爱车的“医疗费”不是问题。

下面是总结时间

冰雹造成的损失一般来说都是包括在车损险的保障范围之内的，所以只要买了车损险，爱车的“医疗费”就有着落了。

如果买了涉水险，在暴雨天涉水引起发动机损坏时，大美就可以获得 80% 的赔付。当然，如果她还一并购买了涉水险附带的不计免赔险，那她就有机会获得全部赔偿了。

出险后，请记住不要移动爱车，在 48 小时内联系保险公司报案即可。

你学会了吗？

我的笔记

理财型保险应该怎么买？

这一节课我们要谈的年金险，是理财经理宣传的一种理财保险：先存钱，存到一定期限以后，再逐月返钱。在理财经理嘴里，不考虑时间因素，承诺的回报高得吓人！

我们今天要学习的内在收益率，英文名叫 IRR，是计算真实收益率的“照妖镜”。

先了解什么是年金保险和 IRR。

年金保险，是在一定期限内，每年或每月给保险公司缴一笔保费；交够一定年限后，保险公司从合同约定时间开始按年或按月给你返钱；最后返回的钱，远高于投入总额。

IRR，是“内在回报率”的英文缩写，在年金险的例子里，内在回报率是令每年缴纳保险费现值，与每年可领取返还总金额现值相等的折现率。这么一来，资金的时间成本被排除了。比照当前利率，IRR 就成为各种投资型保险产品的“照妖镜”。

年金保险的收益是确定的，签订保险合同时，保险公司就跟你约定好，每年固定返还多少钱。比如每年投 50 万元，投 2

年，5年后返还120万元。

但他们不会告诉你，这款产品的真实收益率是多少。你以为用100万元，5年赚20万元很厉害了？用IRR一算，收益率说不定连一年期定存利率都跑不过！

敲黑板：

想算出IRR，只要知道4个信息：年龄、每年交的保费、每年可领取的金额、现金流，也就是保费和领取金额的总和。

案例：

我们具体看一款年金型保险产品：年缴保费1万元，交10年。从第6年开始，逐步返还金额；在81岁时，一次性返还10万元保额。

这个收益率，能不能跑赢通胀、无风险利率呢？算一算IRR，高下立见。

首先，新建一个Excel表格。

第一行的四个表头分别为：年龄、每年缴纳保费、每年可领取的金额、现金流。第一列输入对应的年龄；第二列填入每年交的保费；第三列写当年可领取的金额。领的钱写正数，保费写负数。

其次，计算现金流，就是把交的保费和领取的金额加在一起。

最后，在表格的最后一列输入函数“=IRR(现金流，估计收益率)”。估计收益率只是辅助Excel循环计算的数，写1%～7%都可以，不会影响计算结果。

通过这三步，算出来的就是实际复利年利率。

年龄	每年缴纳保费	每年可领取的金额	现金流（每年缴纳的保费+每年可领取的金额）	备注
30	–10000	0	–10000	
31	–10000	0	–10000	
32	–10000	0	–10000	
33	–10000	0	–10000	
34	–10000	0	–10000	
35	–10000	5000	–5000	
36	–10000	5000	–5000	
37	–10000	1498.13	–8501.87	
38	–10000	1498.13	–8501.87	
39	–10000	1498.13	–8501.87	
40		1498.13	1498.13	41～63岁的现金流与40岁相同，因此为便于阅读，将其隐藏
64		1498.13	1498.13	
65		2247.19	2247.19	66～79岁的现金流与65岁相同，因此为便于阅读，将其隐藏

80		2247.19	2247.19	
81		100000	100000	
			1.91%	=IRR(D2:D53,4%)

这回看清楚了吧？这份保单，实际复利年化收益率只有1.91%！

现在一年期存款利率是 1.5%，但商业银行上浮到顶，利率上浮 50%，能给到 2.25% 的收益。1.91% 的收益率，连一年期存款利率都比不上！

下单前，如果计算过 IRR，就根本不会买这样的保险。

下面是总结时间

买理财型保险，一定要先根据保险公司最终返还的钱，推算出实际年化收益率。最起码，实际收益率要跑赢银行 1 年、3 年期定存，才值得下手。

亲爱的朋友们，IRR 计算公式其实很简单，你学会了吗？

我的笔记

航空意外险就是薅羊毛

小长假快来了，大美买了张机票，打算到泰国溜一圈。买机票的时候，她纠结了半天，要不要顺手勾上和机票捆绑在一起的航空意外险？

相信朋友们也纠结过这个问题，或者是根本不知道，每次买机票，都被消费了一份航空意外险。虽然不贵，三四十块钱一份，可来回一趟，就要六七十块钱。如果经常出差、旅游，还不如买一份一年期综合意外险。

今天我们就来聊聊，航空意外险其实就是在薅羊毛，根本不值得买；买旅游意外险或者一年期综合意外险，更划算。

敲黑板：

航空意外险看起来保费很便宜，保额高达几十万、几百万，可它的保障内容很单一，时间也短。只有飞机失事，乘客身故、伤残了才赔；在飞行的时候，突发疾病或者伤残，它可都不赔。从踏上飞机那一刻起，保单生效；到目的地后，下了飞机，保障就没了。

而且，我们手里的机票，本身就有旅客法定责任保险，是航空公司必须给乘客买的保险，真有意外事故，就算没买航空意外险，航空公司也得赔钱，现在最高限额是 40 万元。如果旅客有寿险，那么身故和全残已经在寿险保险责任里，在空难中身故，寿险也会赔。

2019 年 3 月 10 日埃塞俄比亚客机空难事件，有 8 名中国人遇难，其中有 2 名买了平安人寿保险，他们的家属，就能拿到平安人寿的赔偿。

大伙再想想，坐飞机出事的概率真的高吗?

我们国内上一次空难，是 2010 年 8 月 24 日的伊春空难，飞机在降落的时候坠毁，44 人遇难，50 多人受伤。

大家也不用太担心，坠机身故的概率，只有一千一百万分之一,一个人哪怕平均每天都坐一次飞机，也要 400 万年才会碰上致命的空难。但是，因为车祸身故的概率，却是五万分之一。

把保障单独放在超低风险的事件上，其实并没有把风险转移出去。我们去旅游、出差，下了飞机，风险才开始加大。机场位置都比较偏，从机场打车到酒店的路上，可能会有风险。这两年，就发生过好几起女生打车遇害的事件。

我们应该买的是旅游意外险，或者是包含飞机事故的普通意外险。

像王大美，有个小长假，就要来一场说走就走的旅行，从上海到海南，海南到新马泰，买份旅游意外险，保障多，保费又便宜。

比如某款短期出国旅游保险，保费还不到 100 元，就有 100 万元的意外身故和伤残保障，这其实已经包含了航空意外的赔偿；还有 100 万元的医药补偿。如果不小心遇上当地黑帮，被绑架了，每小时赔 3000 元，最高赔 18000 元。

你看，一份旅游意外险，把出行在外可能遇上的各种坏事都算进去了，比你花六七十块钱，专门买个航空意外险，好太多了吧。

如果经常出差，买份一年期综合意外险，也很合适。

比如说某款一年期综合意外险，保费才 300 元，有 200 万元的飞机意外身故或者伤残保障，100 万元的火车意外、身故保障，汽车意外也有 30 万元的保额，还有一般意外、住院津贴等。

越是经常出差或者旅游，买旅游意外险或者一年期综合意外险越划算。

我粗略算了下，我一年大概要坐 10 次飞机，如果每次都买航空意外险，保费大概要 300 块，但它只保航空意外。同样的价钱，一年期综合意外险的保障内容更多，买一次保一年，很方便，性价比更高。

下面是总结时间

这一节课我们聊的是，跟机票捆绑在一起的航空意外险其实就是薅羊毛，大可以用旅游意外险或者一年期综合意外险来代替。

①航空意外险保障内容单一、时间短。只有飞机失事，乘客身故、伤残了才赔；从踏上飞机那一刻起，保单生效；到目的地，下了飞机，保障就没了。

②机票本身就有旅客法定责任保险，是航空公司必须给乘客买的保险。真有飞行意外事故，就算没买航空意外险，航空公司也得赔，最高限额 40 万元。

③经常出差或者旅游，买旅游意外险，或者是包含飞机事故的普通意外险，更划算。

你学会了吗？

我的笔记

出门在外被人捅伤？境外紧急救援保险来帮忙

2018 年 7 月，香港艺人任达华在广东中山参加一场商业活动时，被一名男子袭击，腹部以及手指受伤。事发后第一时间，任达华在网上求助，而主办机构的活动却仍在继续进行。这一状况令人大跌眼镜，也让我们想到，万一在人生地不熟的地方遇到意外，还真不知道怎样寻求帮助。

这条消息一出，舆论可谓炸开了锅，讨论热度很高。由于香港和内地不在同一个海关境域，所以对于任达华来说，这个情况算是境外受伤。

有朋友就要问了，遇到这样的问题要怎么办？其实，只要任达华购买一个 100 多块港币的境外紧急救援险，那么 100 万元以内的医疗费用就都可以解决了。这个保险名字听起来很高大上，功能也的确很多。

先来说说境外紧急救援险。这种保险的功能就是在保险期限内为身处境外的被保险人提供安全及医疗保障，必要时可以提供紧急救援服务。

这种保险一般来说都是以境外旅游保险的形式出现，在香港的话则多见于医疗保险，具体的保障范围等都会有所不同。如果是去申根国家旅游的话，旅客在投递签证时就被要求必须要有境外医疗保险。

境外紧急救援险涵盖的服务较广，主要有四个方面：

一、协助并安排被保险人住院接受治疗。这个是根据被保险人当时的身体状况来决定的，问题不大的，救援机构会联系当地适合的医疗机构让被保险人就医；如果情况严重，就直接住院治疗。

二、医疗转送。在被保险人出险时这个服务就开始了，当被保险人的情况转好后，救援机构会将其转送回国，如果不幸身故，也会将遗体送回。

三、紧急返回居住地国家。当被保险人因在境内的直系亲属身故而需要立刻返回时，救援服务机构会安排返程服务，而保险公司将承担其中的机票费用。

四、保险公司先行垫付费用。一般来说都是被保险人先垫付，然后再由保险公司理赔，境外紧急救援险则相反，可以由保险公司先进行垫付，等被保险人回国后再结算。

除去主要服务外，还有一系列如家属探病、法律援助和儿童陪护服务等增值服务。服务方面可以说是覆盖得很全面了。不过要注意的是，它毕竟不是医疗保险，与所遇意外无关的或原有的疾病是不在保障范围内的。

我们可以结合任达华的例子来看，如果有人像他一样，在境外遭遇袭击，刚好此人购买了境外紧急救援险，那后边就医、住院、转移等一系列活动就可以不用愁了，医疗费用也会得到先行垫付。

保费也很低廉，打个比方，去欧洲旅游，保期一周，保费只要 100 多元，保额则可达到 100 多万元甚至更高。都能出国游了，也不差这点保险钱了。

总的来说，境外紧急救援险能够在境外给予被保险人一系列的保障，而且有的国家，如果你想去玩的话，必须得买这类保险才能签证。

至此，希望大家对境外紧急救援险有了一定的了解，在出国旅游时能给自己做好充足的保障。

下面是总结时间

境外紧急救援险，其功能就是在保险期限内为身处境外的被保险人提供安全及医疗保障，必要时可以提供紧急救援服务。

这种保险一般来说都是以境外旅游保险的形式出现，在香港的话则多见于医疗保险，具体的保障范围等都会有所不同。如果是去申根国家旅游的话，旅客在投递签证时就被要求必须要有境外医疗保险。

你学会了吗？

我的笔记

房子烧了欲哭无泪？家财险了解一下

我国家庭资产里大概有70%都是投在房子上的，再加上平时生活的物件都摆在家里呢，家宅的价值无以复加。有的朋友就问了，这万一房子出了点什么状况，那不玩完了？的确，这种损失，一般家庭真承受不起。

不过不用担心，我们现在就来说说专门给房子准备的家财险，这种财产保险可以对住房以及房中其他财产进行保障，不过同时免责范围也是一大堆，购买前请务必详细了解。

敲黑板：

家财险是对被保险人包括房屋及其装修、家具和家电等家庭财产的基本保障。主险一般是保火灾和爆炸，范围较窄，但是保费非常便宜，且有附加险种可选，可以覆盖多数意外情况。简单点说，就是咱们可以买给自己住房的保险。

家财险的保额是根据被保住房的价值来定的，保费很便宜，属于定额保险的一种，一般一年150元左右。如果加上附加险，比如说盗抢险和水管爆裂险的话，整体保费就要再贵一些。

除去一些特定财产，房子以及房子里的财产都在保障范围内。而保险责任一般包括火灾和爆炸引发的损失，看起来好像比较窄，但是一般会出现的情况也就是这两种了。

这么一看，家财险真是又便宜又有保障，但是凡事怎么可能只有好的方面呢？家财险的保障范围背后，是一大堆免责条款，犹如大坑，不注意就会摔断腿。

首先，不是所有的财产都支持投保。

这些财产分类较多：无固定价值的物件不保，比如字画、古玩等；不属于实际物资的不保，比如存折、票证文件；违章建筑、危楼不保；机动车等其他类型的财产不保；最后，食品、烟酒以及盆栽之类的无法确定价值的财产也不保。

其次，不是所有类型的房屋都支持投保。

自有产权的商品房一般都可以保，但是小产权房、农村集体房，那就得依条款而定了。而且，只有用于居住的房屋可以投保，商用房屋是不可以的。此外，多数情况下，无人居住的房屋也不可以投保，就算能保，也会有严格的要求。

最后，设备自身老化及重大过失造成的损失，也是不赔的。

很多保险公司都把“老化不赔”写在免责条款里，理由很简单，家财险保的是意外，而设备或电线自身老化并不属于意外。

至于重大过失，是指没有遵守法律法规的行为，甚至是一些一般人都应该注意到却没做到的行为，这些行为看起来比较难以界定，比如老人在家忘了关火，或者是孩子玩耍不小心搞出了“幺蛾子”，这种情况到底赔不赔呢？

看来家财险坑也不少，一不注意也容易出现理赔难的情况。

不过，虽然家财险附带的免责条款非常多，但是主险还是很有意义的，并且价格便宜，一般家庭都负担得起。我们的建议是，寻找信誉高的保险公司购买一份家财险，给自己买一份安心。

希望大家可以为自己的房子寻得一份保障，有效地保护这个最大的资产。

下面是总结时间

家财险是对被保险人包括房屋及其装修、家具和家电等家庭财产的基本保障。主险一般是保火灾和爆炸，范围较窄，但是保费非常便宜，且有附加险种可选，可以覆盖多数意外情况。

家财险的保额是根据被保住房的价值来定的。

不是所有的财产都支持投保的，不是所有类型的房屋都支持投保的，设备自身老化及重大过失造成的损失，也是不赔的。

你学会了吗?

我的笔记

实用的冷门保险，让你的生活少些意外

高空抛物引发的事故近来经常发生，成了一个热议的话题。有的人就说了，好怕自家的熊孩子惹事呀，也有人说，好怕上个班走路上被砸呀。有没有什么东西可以对此提供保障？

根据之前我们做过的叶檀财经的用户画像，双薪养三代居多，企业中高层和私营企业主占比也颇高。这个群体压力最大，风险承担能力低，如果家里熊孩子或公司的下属造成他人损失，他们难免要“代人受过”。

针对这个群体，我们介绍两种能提供经济保障的保险产品，分别是监护人责任险和雇主责任险，前者承担了熊孩子惹祸的风险，后者则让各位雇主长舒一口气。

先来说说监护人责任险。简单来说，这种保险的被保险人一般是父母或学校，其所监护的对象造成他人人身伤亡或是财产损失，保险公司需要赔偿被保险人所需要承担的经济赔偿。这是一种为未成年人过失行为买单的产品。

举个例子，老王的孩子一个人在家无聊，朝楼下丢了个苹果，结果正好砸到了路过的小李，这一砸可伤得不轻。所幸的是，老王买过监护人责任险，因此经济赔偿这块儿没碰到太大的麻烦。要是没买，那麻烦可就大了。

要说明的是免责条款：如果孩子是在家庭成员的教唆下造成了损失，或是第三者是家庭成员，或是被监护人有精神疾病之类的，保险公司是可以不予赔偿的。

再来说说雇主责任险。简单点说就是被保险人的员工在受雇过程中遭受意外、生病或是身故了，保险公司需要赔偿被保险人所需承担的经济赔偿。

接上边的例子，小李在楼下工作，内容是发传单，正巧被老王孩子扔的苹果砸中，伤得不轻，医药费等一干费用是跑不了了，还好他的老板买了雇主责任险，这样就避免了更多的经济纠纷。

这个险种的免责条款略多，总的来说就是上下班时间和因工外出这些都是不赔的，由于职业性疾病引发的其他疾病也不在保障内。

这两种险种本身比较冷门，用途比较特殊，价格也很便宜，家里有孩子很调皮的，或是自己有公司有员工的，建议购买一下，给自己和他人多一份保障。

当然，要避免孩子犯错和下属受伤，还是要以加强教育和管理为主，这类保险的作用最多也就是尽量避免经济纠纷，减少损失罢了。

经过这节课的讨论，希望有需求的朋友可以为自己购买这类实用的保险产品，减少自己生活中的意外。

下面是总结时间

监护人责任险，被保险人一般是父母或学校，其所监护的对象造成他人人身伤亡或是财产损失，保险公司需要赔偿被保险人所需要承担的经济赔偿。这是一种为未成年人过失行为买单的产品。

雇主责任险，简单点说就是被保险人的员工在受雇过程中遭受意外、生病或是身故了，保险公司需要赔偿被保险人所需承担的经济赔偿。

你学会了吗?

我的笔记

宠物看病太贵？宠物保险安排一下

现在生活水平提高了，很多人都养起了宠物。之前有的朋友就说，宠物看病好贵啊。有的则是问，自己的大狗狗出门要是不小心咬伤了人那该怎么办？这年头养个宠物也让人无法安心。

宠物作为家庭的特殊成员，健康理应受到相应的保障，同时我们肯定也不希望它们在外边惹麻烦伤人。为了避免这些情况发生，宠物保险成了不错的选择。宠物保险主要分为宠物医疗保险和宠物责任保险，前者保障宠物自身健康，后者则是为它们闯的祸买单。

敲黑板：

宠物保险根据保障范围的不同，可以分为两类：宠物医疗保险、宠物责任保险。

我们先来说说宠物医疗保险。这种保险保障的是宠物的健康，一方面可以让宠物享受到良好医疗服务，另一方面也可以减轻高昂的医疗费用带来的经济压力。简单点说，这是小动物们的医保。

宠物医疗保险先前在欧美非常流行，近些年在国内也有越来越多的宠物主加入了进来。除去想给宠物一个保障外，另一个很重要的原因就是宠物医疗真的很贵。可能很多人都想不到，小宠物们做个小手术，比如切除牙龈增生，会需要几千元的费用，稍微大点的病可能要花上万元。

如果买了宠物医疗险的话，那医疗费用的压力就会大大降低，保费一般都在几百元，不算高但也不便宜，如果选择疾病保障范围更大的种类，保费还会更高。

总的来说，不算便宜，但是与可能出现的高昂医疗费相比，还是很便宜的。

接着来看看宠物责任保险。如果说上边的医疗险是给宠物自身保的话，这个责任险就是给可能会被宠物伤害到的人或物保的。保险公司会根据约定的条款，赔偿被保险人的宠物所造成的需要进行赔偿的损失，包括第三者的人身伤亡和财物损失。

这种保险的保费很便宜，一年保费也就几十元到上百元，保障限额一般在 10 万元到 30 万元不等，当然，超过赔偿限额的部分，保险公司是不予理赔的。

宠物责任保险也有着很多免责条款。需要注意的是，如果被保险人在合同结束三年后提出索赔请求，以及被保险人的宠物把别人的宠物弄伤或者直接弄死了之类的情况，也都是不赔的。

总的来说，责任险比医疗险便宜很多，而且，保障的也不再是宠物，而是宠物可能造成的损失。

现在的宠物医疗越来越昂贵，而宠物伤人事件也是频发，这时候购买一份宠物医疗和责任保险，是很有必要的。

经过这节课的讨论，希望大家可以为自己的宠物寻得一份保障，有效地保护小宠物自身以及他人的安全。

下面是总结时间

宠物医疗保险，保障的是宠物的健康，一方面可以让宠物享受到良好医疗服务，一方面也可以减轻高昂的医疗费用带来的压力。简单点说，这是小动物们的医保。

宠物责任保险。如果说宠物医疗险是给宠物自身保的话，宠物责任险就是给可能会被宠物伤害到的人或物保的。保险公司会根据约定的条款，赔偿被保险人的宠物所造成的需要进行赔偿的损失，包括第三者的人身伤亡和财物损失。

你学会了吗?

我的笔记

自己的专利被人“山寨”了？是时候出动专利险了

最近听有的朋友说，现在想要保障自身的知识产权好难啊，新闻里看到有的企业去参加了一次展览会，自家产品的专利就被人给“山寨”了，可能要面临不小的损失，这还让人怎么放心把资金投入研发中去？说得没错，现在对知识产权的保护实在是太薄弱了，企业本身的维权意识也不强。

不过不用担心，咱们可以通过购买专利险来替自己辛辛苦苦研究出来的专利添加一份保障。要注意的是，专利险保的并不是专利本身，而是可能发生的调查诉讼过程中的费用。

我们先来看看专利险到底能保什么。专利险的功能是承保调查诉讼过程中产生的费用，可以是被保险人维护自身专利的情况，也可以是被保险人被诉可能侵犯他人专利的情况。

举个例子，老王带着他自己发明的某产品参加了一场博览会，在去之前老王给自己买了份专利险，结果就是在专利保险期内，他发现了自己的这个小发明被人给“山寨”了，于是开始了自己的维权之路。

由于购买了专利险，保险公司就与知识产权代理服务公司以及法院合作，协助老王维权，并在最终胜诉后，将过程中产生的调查费用以及诉讼费用赔付给了老王。

也就是在整个过程中，老王除了一开始支付的保费外，没有承受损失。

要特别注意的是，这个保险承保的对象是整个流程中出现的调查费用以及诉讼费用，而不是这个专利被盗而产生的损失。

如果这个专利被盗后，公司这个项目黄了，盈利受到损失，这些损失是不属于这个保险的保障范围的。千万别抱不现实的期望，以为保了这个险就万事大吉，就算专利维权失败，保险公司还能给填上窟窿。

总的来说，专利险还是比较实用的，至少可以保障维权过程中所产生的费用，避免不必要的损失。

经过这一节课的讨论，希望大家对专利险有一定的了解，能给自己心血的结晶安排一份合适的保障。

下面是总结时间

专利险的功能是承保调查诉讼过程中产生的费用，可以是被保险人维护自身专利的情况，也可以是被保险人被诉可能侵犯他人专利的情况。

要特别注意的是，这个保险承保的对象是整个流程中出现的调查费用以及诉讼费用，而不是这个专利被盗而产生的损失。

你学会了吗？

我的笔记

保险理赔难？购买保险时的各种“陷阱”（上）

曾经听很多人说，保险根本没必要买，反正保险公司都会用各种借口不赔钱。我们确实见过保险公司拒赔的案例，但仔细想想，保险公司不理赔的原因是什么，真的都只是不想赔吗？

被拒赔不能全赖保险公司，很多时候是自己没有看清楚保险合同规定好的“理赔条件”。保险理赔难的问题，我们到底该如何解决呢？

今天就和大家一起聊聊，保险理赔的两道大坎：等待期和保险责任范围。等待期出险不赔、被保险人受到伤害或者身故，不在保障范围内，保险公司不赔都是合情合理的。

先看第一个，保险等待期，就是在保险合同生效后的一定时期内，就算被保险人出险了，保险公司也不会赔。

等待期是保险公司的自我保护，防止有人明知道自己已经身患重疾，还来投保，拿保险公司的赔偿。所以，在等待期内出险，保险公司拒赔，完全合法合规。

我们常见的重疾险，等待期最起码也要 90 天，长的有 1 年。意外险等待期比较短，一般只有几天。

有一位朋友林女士，买了一份重疾险，2019 年 6 月初查出患了乳腺癌，火急火燎地去找保险公司理赔，直接就被拒赔了。她特别生气。然而我们一问，才知道，原来她 2019 年 4 月才买的重疾险，还在等待期内，保险公司当然不赔了。

当然，感觉自己身体没什么毛病，又正好打算买保险的时候，建议大家最好过了等待期，再去体检。这样既不会影响自己的健康，在等待期后真查出什么毛病，又能拿到保险公司的赔偿。

第二个坎，保险责任范围。说简单点，就是保险公司规定好，出了哪些事、得了哪些病，它才会赔。被保险人发生的事故或者所患的疾病，不在保单规定的范围内，保险公司不赔。

比如，老王年初买了份意外险，年底不幸因为大病去世了，家人事后找保险公司理赔，保险公司肯定也不会赔。

前文中说过，意外险就是保外来的、突发的、非疾病的原因，导致的身体伤害或者身故。老王因为疾病去世，不在意外险的保险责任范围内，保险公司当然有权拒赔了。

尤其是一些重疾险产品，对疾病的治疗方式，会有严格的限定。比如某安福，投保人得了冠心病，要做开胸的冠状动脉搭桥术进行治疗，才能理赔，但创口更小的支架术，是不予理赔的。

所以，大家在买保险产品的时候，一定要看清楚，一款保险产品可以赔偿的具体内容。

通过今天的讲解，希望大家不要再觉得保险都是骗人的、出了事很难拿到理赔。记住，出险了，只要符合保单规定，是可以拿到赔偿的；如果保险公司耍赖，可以走法律途径。

记住买重疾险的时候，要看清楚等待期和保险责任范围。关于理赔难，还有免责条款这个大坑，下次我会继续和大家聊。

下面是总结时间

在等待期内出险，保险公司拒赔，完全合法合规；建议大家最好过了等待期，再去体检。

被保险人发生的事故或者疾病，不在保单规定的范围内，保险公司可以不予理赔。一定要看清楚，一款保险产品可以赔偿的具体内容。

你学会了吗？

我的笔记

保险理赔难？购买保险时的各种“陷阱”（下）

前文中，提到了保险理赔中的两大难：等待期和保险责任范围。但是，保险公司不想赔钱的理由应该不止这些吧？肯定还有更多。还是这句话，保险公司拒赔的案例的确不少见，但仔细想想，保险公司不肯赔钱真的只是因为他们不想赔吗？

今天就和大家一起聊聊，理赔上的另一大“陷阱”：免责条款。在买保险前，一定要看清楚保险细责。

免责条款，是指保险公司会和投保人约定好一个条款，这个条款会约束两者之间的保险合同，在某些特定情况下，保险公司可以不予赔付。

免责条款一方面可以用于保障保险公司，但同时也可能反被利用，成为用来坑害投保人的工具。各位在注意不要触发免责条款的同时，也要注意不要被其坑害。

今天就来聊聊根据效力来源拆分出来的免责条款类型，分别是法定免责条款和约定免责条款，供大家参考，以免今后落入

"陷阱"。

首先，来说一说法定免责条款。这个条款一旦违反，那可就是违法了。

举个例子，老王酒后不肯叫代驾，非要自己开车回家，结果在路上出了意外，不小心将路边停着的车给撞了，老王见四下无人，就溜了，但是没两天就被抓。这时候老王想起了之前购买的保险，想让保险公司来赔偿损坏车辆的费用，没想到却被保险公司拒绝了。

保险公司拒赔的原因很简单，那就是老王的行为已经触发了免责条款。在车险的免责条款里，明确指出，酒后驾车，以及肇事逃逸的行为，任何一种行为，保险公司都是可以做免赔处理的。这两条不仅仅是保险条款，同时也是法律规章，老王一下触犯了两条，理赔金肯定是不用想了。

之前有些保险公司推出过"酒驾险"，结果骂声一片，就算是保监会为其正名也无济于事。所以，在这个问题上，大家千万要注意，法律的红线碰不得。

再来说一说约定免责条款。这个条款就是建立在投保人和保险人之间的一种约定，在某些特定的情况下，保险公司是有权利拒赔的。

比如，前些天下大雨，地面积水，有些地方水比较深，老王停在低洼路边的车很不幸地浸泡在积水中，但是老王急着开车出行，结果，老王启动引擎的时候发动机受损，需要大修。

老王试图找保险公司理赔，结果却被告知未购买涉水险，因此并不会获得理赔金，老王只能自掏腰包维修爱车。

为什么这种情况也不理赔呢？其实很简单，车险中有许多免赔条款，比如上述的酒驾、肇事逃逸等。而老王这种明知涉水还要启动的行为，属于故意损坏车辆，也是在免赔的范畴内。在没有发动机涉水险的前提下，老王最多只能拿到点清洗费用。

当然，有些保险公司为了不予理赔，可能会利用这个条款来忽悠并不是很懂车的客户，有些客户并没有发生所谓的涉水启动的情况，但由于缺乏相关知识和经验，就会被忽悠。

现在很多人有了风险规避意识，都机智地购买了涉水险，但是实际上涉水险依旧无法保证 100% 得到赔付，想要更多保障，还得购买不计免赔险。

不计免赔险，就是一种让原本由投保人自己承担的属于免赔范围内的部分，转由保险公司来负责赔偿的特约险种。

上边的例子有些离自己很远，有些就在身边，都是不了解免责条款导致的不良后果。

记住在买保险的时候，要看清楚等待期和保险责任范围，以及今天提到的免责条款。保险公司对于投保人，是有说明免责条款的义务的。弄清楚这些，保险理赔便不再困难。

下面是总结时间

免责条款，就是保险公司会和投保人约定好一个条款，这个条款会约束两者之间的保险合同，在某种特定的情况下，保险公司可以不予以赔付。

根据效力来源来区分，保险免责条款可以分为法定免责条款和约定免责条款。

法定免责条款，这个条款一旦违反，那可就是违法了。

约定免责条款，这个条款就是建立在投保人和保险人之间的一种约定。

你学会了吗?

我的笔记

看懂几万字保险合同，只需三分钟

最近总有朋友向我抱怨，每次买保险都要看几万字的保险合同，嫌内容多没耐心看，不看又不放心，真是头疼。的确，又长又晦涩的保险合同就像迷宫，让人晕头转向。

那么今天，我们就来聊聊，如何快速看懂保险合同。

想要快速读懂一份保险合同，就要着重看三个部分，即基本信息、责任范围，以及各种关键期。

首先说第一部分，基本信息。基本信息包含了很多内容，比如投保人、被保人、受益人等信息，还有保费、保险额度、保险期限等。这些信息中，最需要注意的是，保险额度、投保人等个人信息如果填错，后续是可以更改的；保费和保险期限在购买时会涉及。

举个例子，王大美开车上班，途中撞上路边的豪车，大美看损伤不大，自己又买过第三者责任险，所以就没太在意。然而，保险公司告知大美，她的三者险只能解决 50 万元之内的赔偿费用，超出的费用得自己出了，怎么会这样呢？

原因就是，三者险是有不同保额分类的，不同类只赔偿该类别额度范围内的损失。大美虽然买了三者险，但她当时并没有仔细看保险合同，加上图便宜，就买了保额50万元的三者险。

结果，大美撞的是豪车，随便修一下都超过了保额，所以大美只能自己负担剩余的赔偿了。

这里，我们强烈建议，各位在买车险时，三者险的额度尽量买100万元以上的。现在大街上的豪车随处可见，不小心擦撞的概率也大大增加，为了自身利益，还是别省那几百元保险费了。

接下来，咱们来说说责任范围。责任范围包括了保险责任范围以及免责条款，在买一份保险之前，最起码得先知道它最后会保障些什么，又有哪些不在保障范围内。

前文中讲解过法定免责和约定免责。今天，就来看看保险责任范围。

王大美的邻居出门跑步的时候被狗咬了，伤得倒不重，但需要打狂犬疫苗。邻居一想反正买了意外医疗险，被狗咬伤是在保险责任范围内的，那就打好了。结果，出乎意料的是，保险公司居然不给大美邻居报销打疫苗的费用。

原因就在于，邻居买保险的时候责任范围没看全。被狗咬伤的确可以得到赔付，打狂犬疫苗也可以，但前提条件是，得打国产疫苗。邻居没注意到这条，用了进口疫苗。

话虽如此，这里要说明一下，如果有必要用保险责任范围之外的药物，那还是得用，不能拿自己的生命健康开玩笑。

最后，我们来聊聊关键期。保险合同中会提及很多相关的时期，比如犹豫期、等待期，还有宽限期。

犹豫期是指在合同签订后的 10 ~ 20 个工作日内，投保人可以申请无条件退保，保费也不会受损。

等待期一般为 180 天，如果在该时间段内出现因疾病造成的医疗费用，保险公司可以不予理赔。

宽限期是指那些分期付款的保险，投保人中途忘记缴费，会有 60 天的宽限期进行补缴，补缴后不会影响原本的保险合同。

这些关键期都是我们在买保险时必须要多加注意的时间节点。

不要被上万字的保险合同吓到，只要抓住重点，看清基本信息、责任范围以及关键期，分分钟了解中意的保险不成问题。

今天就介绍到这里，希望大家在购买保险时一定要多加注意保险合同中的重要部分，切勿嫌麻烦而直接忽略，按文中的方法仔细阅读三分钟，可能会给自己省下一大笔钱。

下面是总结时间

想要快速读懂一份保险合同，就要着重看三个部分，那就是基本信息、责任范围，以及各种关键期。

基本信息包括了投保人、被保人、受益人的姓名等信息，还有保费、保险额度、保险期限等。这些信息中，最需要注意的，就是保险额度。三者险有不同保额分类，不同类别只赔偿该类别额度范围内的损失。

责任范围包括了保险责任范围以及免责条款，我们买一份保险之前，最起码得先知道它最后会保障些什么，又有哪些不在保障范围内。

保险合同中会提及很多相关的时期，比如说犹豫期、等待期，还有宽限期。

我的笔记

保险受益人没填对，会成为最大的雷！（上）

前文中一直在教大家如何选保险，大家是不是觉得，只要选好保险、签个合同就大功告成了？其实签保险合同时也要注意一些细节，后看是理所当然的，有时候却会变成你亲手埋下的一颗地雷。真到出险的时候，理赔金到手了，但可能会因为这一笔理赔金引起家庭纷争。

涉及人身保险的“保单受益人”需要谨慎填写。保单受益人有法定受益人和指定受益人，那么我们到底该如何填写呢？

今天我们就来聊聊法定受益人和指定受益人的区别，以及保单受益人该如何填写。

保险受益人是人身保险中享有保险金请求权的人。说白了，就是一旦被保险人出险，能拿到保险理赔金的人。

保险受益人有两类，一类是指定受益人，一类是法定受益人。

指定受益人，是由被保险人或者投保人指定有权获得理赔金的人。没有人数限制，可以指定一个或者几个人。

比如，老王现在有两个儿子，他给自己买了一份保额为 100 万元的寿险。老王特别疼爱老二，把小儿子作为自己寿险的指定收益人，以后这份保险的理赔金全归小儿子。

如果老王不偏心，他可以将两个儿子都指定为保险受益人。不过这时候，就得考虑比例的问题，要在名字后面备注好受益人的比例，比如大儿子是 40%，二儿子是 60%。

法定受益人，就是投保人或者被保险人没有指定受益人，保险金会按《继承法》，由法定继承人来继承。

具体来看，保险金第一顺序受益人是父母、配偶、子女。第二顺序受益人是兄弟姐妹、祖父母、外祖父母。

一般情况下，同一顺序受益人，应该均等分配理赔金。只要有第一顺序受益人在，第二顺序受益人就不能获得理赔金。只有在没有第一顺序受益人的时候，才能轮到第二顺序受益人。

这就有个小问题，如果没有指定受益人，理赔金的法定受益人就会有很多。如果老王寿险的保险受益人是法定受益人，他身故后，这 100 万元理赔金就会赔给他父母、妻子，还有两个儿子。

如果家庭关系比较复杂，这样的分配方式会很不合理。比如说，老王发现妻子出轨了，为了孩子两人一直没离婚。按法定受益人理赔，老王身故后，妻子照样可以拿到理赔金，然后妻子拿这笔理赔金和别人过二人世界去了，老王就够悲惨的了。

在一些离异家庭，还可能有这种情况：

林女士在女儿很小的时候，就和丈夫离婚，自己一个人将女儿拉扯长大。林女士给女儿买了一份50万元保额的寿险，保险受益人写的是法定受益人。几年后，女儿因为意外去世了，林女士向保险公司申请理赔的时候，却不能独自拿这50万元的理赔金。

因为保险受益人写的是法定受益人，也就是女儿的爸爸，也有拿这50万元理赔金的权利。大伙想想，一个从来没尽到过做父亲责任的人，竟然也有机会分到一半的理赔金，这对林女士就很不公平！

这些就是当初没仔细看保险合同埋下的“地雷”。

大家不要以为反正法定受益人都是自己的家人，而不去刻意指定。家庭关系比较复杂的小伙伴，比如夫妻离婚、兄弟姐妹关系不和，甚至有私生子女的情况，亲人间很可能因为这笔理赔金再起纠纷。

所以，大家在买人身保险的时候，最好提前选好指定受益人。

下面是总结时间

指定受益人，是想给谁就给谁。法定受益人，是该给谁就给谁。

大家在买人身保险的时候，最好提前选好指定受益人。

你学会了吗？

我的笔记

保险受益人没填对，会成为最大的雷！（下）

上篇文章中，我们已经知道，人身保险的保险受益人，最好指定受益人，而不是默认的法定受益人，这样能减少很多家庭纠纷。

家庭背景复杂的朋友，买人身保险的时候，指定受益人除了让自己真正爱的人能拿到赔偿金，还能避债！

今天咱们就一起聊聊，人身保险指定受益人的避债功能，以及如何变更保险受益人。

有债务在身的小伙伴，非常有必要选择指定受益人。因为，指定了受益人后，可以不拿保险金偿还债务！

当被保险人身故后，理赔金如果被当作是遗产，受益人接受这笔保险金的同时，也要接受被保险人生前的债务。那就得先拿这笔理赔金偿还债务，剩下的部分才轮到法定受益人。

比如，老王有份 50 万元保额的寿险，受益人是法定收益人。同时老王还有 20 万元的银行贷款，某天老王不幸身故，这笔保险金会先还给银行20万元，剩下的30万元才轮到法定受益人。

但如果老王寿险的保单受益人，指定是自己的孩子，老王身故后，这50万元就能直接赔给孩子，没人能强迫孩子非得拿这笔钱去还银行贷款。

所以再次强调，人身保险填写指定受益人，非常重要！

还有一点大家一定很关心，指定受益人一定要是近亲属吗？

理论上说，不一定。《保险法》里没有明确规定受益人和投保人或被保险人的关系。原则上，只要被保险人同意，受益人是可以任意指定的。

但保险公司为了防范风险，通常会要求被保险人选择有亲属关系的家庭成员，作为指定受益人，少数保险公司可以接受任意指定受益人，但是要通过保险公司的审核。

我们经常在网上看到这样的报道，某位老大爷的子女不赡养老人，反而是保姆一直细心照料，老人便将房子赠予保姆，由此引发子女的不满。其实想感谢保姆，大爷可以给自己买份寿险，投保人和被保险人都是自己，指定受益人是保姆就可以了。

有种情况例外，投保人和被保险人有劳动关系的时候，受益人不能是被保险人近亲属以外的人。比如，老张雇用老王去挖矿，就给老王买了份意外险，这时候受益人就不能写和老王没有半点亲属关系的老张。

有一些朋友也会有这样的顾虑，填写了指定受益人，万一家庭结构发生了变化，比如买保险的时候，和妻子感情还很好，受益人就写的是妻子的名字，可后来感情破裂导致离婚。遇上这种情况，岂不是便宜了妻子？

放心，保险公司可以变更保险受益人。需要变更保险受益人的时候，直接联系保险公司修改就好。相关的准备材料一般就是，被保险人身份证、受益人身份证、被保险人和受益人的关系证明、保全申请书。

说到变更，顺便提一句，有些年金险、分红险，是可以变更被保险人的。这样的保单，在财富传承上会更方便。

王大美买了一份年金险，前 5 年每年交保费，被保险人是她的儿子。第 10 年到第 15 年，每年返还保费，大美的儿子就能拿到这钱。之后还可以将被保险人变更成王大美的孙子，这样就可以将保单不断传承下去。

下面是总结时间

①人身保险指定受益人有避债功能。指定受益人后，可以不拿理赔金偿还债务。有债务在身，非常有必要选择指定受益人。

②只要被保险人同意，原则上，可以任意指定受益人，但通常要求被保险人选择有亲属关系的家庭成员；少数保险公司接受任意指定受益人，但要通过保险公司审核。

③要变更保险受益人，直接联系保险公司修改，相关的准备材料一般是，被保险人身份证、受益人身份证、被保险人和受益人的关系证明、保全申请书。

你学会了吗?

我的笔记

网络 vs 代理人，买保险哪里靠谱？

最近不少朋友在问我通过什么渠道买保险更靠谱。网购保险觉得不靠谱，找代理人购买又怕被忽悠，确实令人头疼。

那么今天，我们就来聊聊，网购保险和找代理人购买，到底哪种方式更靠谱。其实这两种渠道各有利弊，我们的建议是，在没有积累足够的保险知识之前，还是找代理人更加稳妥。

为自己购买一份保险，有网购和找代理人这两个重要的渠道。

先说第一个，网购保险。网购保险就是在网络平台上通过一系列线上流程购买保险。这种购买方式比较年轻，优缺点也很鲜明。

优点就是，省时省力省成本。无须预约，无须上门，也无须任何额外的成本，甚至保费还会降低。只需登录保险公司网站，然后按流程提示一步步操作就可以，为了简化程序，网购保险的设计较为方便，非常符合现在社会快节奏的生活方式。

而且，线上出售的保险产品，保监会是有审批备案的，必要时也可以查询。理赔方式等和线下购买也没有区别。

但是，线上购买的缺点也是非常明显的，投保人很可能直接忽略大部分内容和风险提示。

前文中我们提过，保险是很专业的产品，保险合同有些部分非常重要，购买前务必仔细阅读，而快节奏的网购保险往往会让人忽略这些。比如没看清保险范围，忽略了免责条款。

其次，为了方便购买，线上购买的保险产品会相对简单，所以保障范围也可能相对窄一些。

从这些内容中我们可以看出，网购保险的确是方便快捷，质量也有保障，但是也需要购买者更加细心。

再来说说更加传统的代理人渠道。保险代理人最早起源于英国，其实就相当于中介，保险公司委托他们来销售保险产品。这种方式的优缺点和上边的网购保险基本上是相反的。

找代理人购买保险所具备的优点就是，代理人相关的专业知识，在介绍产品的过程中可以做到为购买者答疑解惑，对购买流程也具有一定的指导性，关键环节也会提醒投保人注意。

要知道，代理人是有佣金可以收取的，因此他们在面对客户时会表现得更加周到细致。

同时也要记住，代理人的佣金是保险公司给的。在购买过程中，代理人可能会说，这都是为了投保人好，可以占保险公司便宜之类的话，投保人或许真的可以从中获利。

但是，代理人的立场是不会变的，他们自始至终都是站在保险公司那一方。他们可能会夸大产品的保障范围或是盈利效果，让投保人觉得自己真的可以占到保险公司的便宜，于是更愿掏钱投保。这样一来，就容易出现问题。

此前就有过相关的案例，比如，2018 年福建某寿险就被保监局连开 5 张罚单，原因是保险公司及代理人欺骗投保人，故意混淆产品概念，承诺给投保人保险约定以外的利益。

例子中保险公司及代理人之所以能够骗到这些投保人，其实就是抓住了投保人那种占便宜的心理。

在这里郑重地提醒各位，保险产品的本质，是用来保障我们生活中可能会遇见的各种“险”，它存在的主要任务就是抵消风险，而不是为投保人带来盈利。我们在获得保障的同时，需要向保险公司交保费，总的来说我们是在花钱买平安，不存在可以从保险公司获利的说法。请大家切记这一点，切勿在购买过程中被贪婪冲昏了头脑。

总的来说，代理人渠道相比线上购买要成熟许多，也更专业一些，但是相对更加耗时耗力，并且投保人更容易被忽悠。

两种投保渠道相比较下，各有千秋，我们给各位的建议是，由于大部分人的保险相关知识都比较匮乏，在一些重要保险的购买过程中，还是联系保险代理人比较稳妥，只是注意不要被一些诱导性言语所忽悠。

希望大家心中已经有了自己认为合适的投保渠道，能在方便快捷和周到的服务间做出适合自己的选择。

下面是总结时间

为自己购买一份保险，有网购和代理人购买这两个重要的渠道。

网购保险就是在网络平台上通过一系列线上流程购买保险。

保险代理人最早起源于英国，其实就相当于中介，保险公司委托他们来销售保险产品。

网购保险省时省力，保险代理人具备专业知识。

你知道该选择哪种渠道了吗？

我的笔记

新旧条款按哪种理赔？原状权益了解一下

最近有位朋友问了个很有意思的问题，假如手上有同一家公司购买的一新一旧两种重疾保险，某种疾病都在这两份保单的保障范围之内，只不过新条款和旧条款有所差异。这种情况下，应该按哪一份来理赔呢?

保险公司的保单条款时常有变，有没有办法按照最优的条款来赔？有的，不过是在香港。这个功能叫原状权益，简单点说，就是无论何时，都按最宽松的条款赔付，这样可以有效地保障客户的权益。

咱们先来看看原状权益的意思。原状权益是一种祖父规则，可以让同时持有旧保单和新保单的被保险人，按照两份保单中最宽松最有利的条款获得理赔，避免了新旧保单条款对同一疾病的不同描述所造成的理赔困难问题。这是保险中一个非常人性化的设置。

那么两种条款对同一疾病描述不一致是如何规定的呢？咱们

来举个例子：

老王今天给自己买了份重疾险，其中包含了心瓣置换及修补，目前的描述是保障剖开心脏的手术以置换或修补心瓣。过了几年，老王购买了同样的保险，但是随着产品的发展，条款较之前发生了变化，新的描述变成了只保障剖开心脏的手术以置换心瓣。

我们可以看出，新条款比旧条款，描述上进行了收紧，原本能保障置换和修补，现在只能保障置换了。那么老王如果出险，需要按照哪个条款进行理赔呢？

在原状权益的功能帮助下，老王可以使用旧条款进行理赔。

如果旧条款对客户有益，那就选择旧条款，反之亦然。原状权益始终帮助被保险人选择对自己最有利的条款。

通过以上例子可以看出，原状权益的确是个非常好的权益，希望大家对原状权益能有一定的了解。

下面是总结时间

原状权益，无论何时都按最宽松的条款赔付，可以有效地保障客户的权益，具有以下几个特点：

原状权益是一种祖父规则，可以让同时持有旧保单和新保单的被保险人，按照两份保单中最宽松最有利的条款获得理赔。

避免了新旧保单条款对同一疾病的不同描述所造成的理赔困难问题。

你学会了吗?

我的笔记